사랑받아 마땅한

_____ 님께

드리는 선물입니다.

원빈 지음

『명상선물The Present of Meditation』은 지금Present 이 순간이
최고의 선물Present임을 깨닫게 해주는 소중한 인연이 될 것입니다.

명상선물

초판 1쇄 발행 2014년 6월 25일
　　　2쇄 발행 2025년 9월 20일
지은이　원빈
기획편집　한산
디자인·일러스트　무여 (ggofin@hanmail.net)

펴낸이　고수정
펴낸곳　붓다스쿨
출판등록　2023년 7월 6일 (제2023-4호)
주소　경남 산청군 단성면 지리산대로 2700번길 83-15
e-mail　book_buddhaschool@naver.com
ISBN　979-11-984558-6-4 (03190)
ⓒ원빈 2014

* 값은 뒤표지에 있습니다. 잘못된 책은 구입하신 서점에서 교환해 드립니다.
* 이 책은 저작권법에 의하여 보호를 받는 저작물이므로 무단전재와 복제를 금합니다.

붓다스쿨

붓다의 마음을 펼치는 곳, 붓다스쿨과 함께 해요.
세상을 밝게 빛내는 책을 만들겠습니다.

원빈 지음

서문 | 저자의 글

명상을 해보고 싶어요.
그런데, 어떻게 해야 하나요?

명상에 대한 설문조사를 했습니다. 몸과 마음의 행복을 위해 누구나 명상의 필요성을 느끼고 있었지만 어떻게 해야 하는지 모르고, 너무 어려워 보인다는 의견이 많았습니다.

'언제, 어디서든, 누구나 쉽게 명상할 수 있는 방법이 없을까?'

고민 끝에 명상입문자를 위한 전국민 행복프로젝트 〈매일 15분 명상〉이라는 모임이 만들어졌습니다. 그 속에서 대중들과 함께 소통하고 명상하던 내용을 정리한 것이 『명상선물』이라는 책으로 탄생하게 되었습니다.

『명상선물』에서는 먼저 윤리적·도덕적인 삶을 살 수 있도록 선을 권하는 명부시왕과 악을 벌하는 지옥을 소개합니다. 이를 통해 선과 악을 구별할 줄 아는 지혜가 우리 내면에서 드러나도록 돕고 있습니다. 또한 매일 15분 명상을 통해 마음의 근육을 계발하도록 합니다. 명상 후 마음방 코너를 통해 스스로 성찰하며 지혜의 빛을 밝히게 됩니다.

윤리적인 삶, 계戒
마음의 계발, 정定
지혜로운 앎, 혜慧

모든 악을 짓지 말고戒, 모든 선을 받들어 행하여定,
그 뜻을 스스로 맑게 하라.慧 이것이 모든 붓다의 가르침이다.
『법구경』

『명상선물』에서 제시되는 계, 정, 혜 삼학三學의 수준은 초보입문자에게 맞춰져 있지만 100일간의 정진을 온전히 소화해 낸다면 최종목표인 삼학의 완성을 위한 수행 인연이 자연스럽게 이어질 것입니다. 그 인연이 우리를 행복의 길로 안내해 줍니다.

지금부터 100일간 명상여행을 친절히 안내해 줄 명상 가이드, 염라대왕에게 마이크를 넘기겠습니다.

원빈 합장

서문 ǁ 염라대왕의 글

아아! 마이크 테스트. 안녕하세요? 명부에서 제일 유명한 염라대왕입니다. 앞으로 염라라고 친근하게 불러주세요. 현대인들은 바쁜 삶에 허덕이고 소중한 정신문화를 잊어버리며 살고 있어요. 내가 믿는 종교와 다르다, 구식이다, 미신이라는 평계를 대면서요. 나이가 들면 지혜로워진다는 것도 다 옛말이 되어 버렸죠. 정말 안타까워요.

염라는 사후세계 관리를 총책임 지고 있지만 여러분이 사후세계, 저승, 지옥을 믿지 않아도 괜찮아요. 다만 저희 시왕이 원하는 것은 여러분들이 지금부터 윤리적인 삶을 살고, 마음을 바르게 사용할 줄 알고, 지혜롭기를 바랄 뿐입니다. 시왕은 여러분들이 고통에서 벗어나 좋은 곳에 태어날 수 있도록 도와주는 역할을 맡고 있어요. 사실은 지금 당장 지옥 같은 삶에서 벗어나 극락 같은 삶을 살 수 있도록 도와준다는 것이 더 맞는 말이에요. 즉, 죽음을 통해 지금의 행복한 삶을 말하고 싶은 것이죠.

시왕이 담당하고 있는 10개의 지옥은 〈진짜 지옥〉에 가기 전에 들리는 정류장 같은 곳이에요. 존재의 모든 행동은 우주에 기록되고 그에 따른 책임을 스스로 져야 해요. 〈진짜 지옥〉에 떨어지지 않으려면 시왕의 심판을 통해 이미 저지른 나쁜 행동을 솔직하게 인정하고 반성하면 용서가 되지요. 그런데 솔직하게 인정하는 사람은 적어도 너무 적어요. 숨기고 둘러대기 바쁘죠. 아마 거짓말하는 습관과 두려움 때문에 깨어있음의 힘이 부족해서 그런 것 같아요.

참고로 지옥은 최근 엄청나게 밀려드는 사람들로 발 디딜 틈도 없고 시왕과 옥졸귀도 피로가 누적된 상태랍니다. '제발 우리 지옥에서 그만 좀 만나요.' 우리 시왕의 간절한 바람이에요.

행복한 삶, 평화로운 죽음을 위해 우리 딱 100일 동안 선한 마음, 고요한 마음, 지혜로운 마음을 기르는 연습을 같이 해봐요. 연습한 만큼 삶이 변합니다. 한 살이라도 어릴 때 이 선물을 받으면 좋겠어요. 흰머리와 주름이 생기는 만큼 연습할 시간도 줄어드니까요. 시왕이 준비한 『명상선물』을 받은 지금부터 행복으로의 여행이 시작되었음을 알립니다!

시왕과 지옥도

목차

서문| 저자의 글 _ 6
서문|| 염라대왕의 글 _ 8
시왕과 지옥도 _ 10

1장. 명상 _ 16

명상발원문 _ 18
명상방법 _ 20
준비명상 _ 22
마무리명상 _ 23
본명상   1. 호흡집중명상 _ 24   2. 자비명상 _ 25
　　　　3. 아랫배집중명상 _ 30   4. 자율이완명상 _ 31
　　　　5. 청소명상 _ 34   6. 효도명상 _ 36
　　　　7. 상처치유명상 _ 41   8. 보왕삼매론寶王三昧論 명상 _ 44
　　　　9. 잘가요, 안 선생님 명상 _ 48   10. 회향명상 _ 50
마음방 활용 안내서 _ 60
100일 명상 체크 표 _ 62
3일, 7일, 21일, 49일 성취 체크 표 _ 64

.

2장. 시왕과 함께하는 100일 명상 _66

선물 하나 _68	진광대왕 | 모든 생명을 사랑하자 | 도산지옥
	10일 완성 마음방 | 염라미션 | 명상록
	행복명상 나를 만나다 _82
	Story 마음방 _84

선물 둘 _86	초강대왕 | 주지 않은 물건을 가지지 말고 베풀자 | 화탕지옥
	10일 완성 마음방 | 염라미션 | 명상록
	행복명상 명함 만들기 _100
	Story 감사 사랑 행복 _102

선물 셋 _104	송제대왕 | 순결을 지켜 청정해지자 | 한빙지옥
	10일 완성 마음방 | 염라미션 | 명상록
	행복명상 당신은 소중한 사람 _118
	Story 마음의 크기 _120

선물 넷	오관대왕	진실된 말을 하자	검수지옥
_122	10일 완성 마음방	염라미션	명상록
	행복명상 꿈꾸다 _136
	Story 도전하는 용기 _138

선물 다섯	염라대왕	칭찬하는 말을 하자	발설지옥
_140	10일 완성 마음방	염라미션	명상록
	행복명상 당신은 고마운 사람 _154
	Story 소중한 가족 _156

선물 여섯	변성대왕	이해하고 화합하는 말을 하자	독사지옥
_158	10일 완성 마음방	염라미션	명상록
	행복명상 나, 이런 사람이야 _172
	Story 적절한 타이밍 _174

선물 일곱	태산대왕	부드러운 말을 하자	거해지옥
_176	10일 완성 마음방	염라미션	명상록
	행복명상 내가 제일 잘 나가 _190
	Story 현존의 힘 _192

선물 여덟 _194	평등대왕 | 만족하며 살자 | 철상지옥 10일 완성 마음방 | 염라미션 | 명상록

　　　　　　행복명상 마음거울 _208

　　　　　　Story 불편한 욕망 _210

선물 아홉 _212	도시대왕 | 무한한 자비심을 기르자 | 풍도지옥 10일 완성 마음방 | 염라미션 | 명상록

　　　　　　행복명상 용서합니다 _226

　　　　　　Story 자비심 _228

선물 열 _230	오도전륜대왕 | 지혜로운 삶을 살자 | 흑암지옥 10일 완성 마음방 | 염라미션 | 명상록

　　　　　　행복명상 아름다운 내 얼굴 _244

　　　　　　Story 최고의 유산 _246

100일 명상 수료식 _248

3장. 부록 _250

전국민 행복프로젝트 〈매일 15분 명상〉 _252

조금 더 들여다보기 _254

1. 시왕十王 _255　　　2. 십재일十齋日 _256　　　3. 팔관재계八關齋戒 _257

한 눈에 보는 염라 미션 _258

1장 _명상

명상발원문

명상을 하는 동안 마음에 새길 발원문을 만들어봅니다. 이루고 싶은 소원, 꿈, 목표를 직접 써보는 거예요. 꿈은 생생하게 그릴수록 이루어질 가능성이 더욱 커집니다. 100일 동안 기도하는 마음으로 나만의 명상발원문을 읽어보며 마음에 새깁니다. 일체유심조一切唯心造, 모든 일은 마음먹기에 달려 있습니다. 꿈은 이루어집니다.

명상발원문

이름 :   작성일 :

소원

목표

다짐

회향

꿈은 클수록, 나 혼자만이 아닌 모두를 향할수록 훌륭해집니다. 모든 존재에게 행복을 선물해 주는 회향의 말을 넣어보는 건 어떨까요? 행복은 나눌수록 더욱 커져요.

명상방법

1. 매일 명상은 15분간 이루어집니다. 10개의 명상을 100일간 10번 반복합니다. 같은 명상을 반복해도 됩니다. 일정한 시간을 정해서 한다면 더욱 좋습니다.

> 100일간 모든 명상은 본명상을 하기 전 준비명상을 합니다. 준비가 충분히 잘 되어야 본명상도 잘 된다는 거, 기억하세요. 운동선수들이 준비운동을 얼마나 열심히 하는지 아시죠? 본명상을 한 후 마무리명상으로 명상을 마칩니다.

준비명상 → 본명상 → 마무리명상

2. 명상 후, 마음방을 채웁니다. 마음방에는 오늘의 명상 후 느낀 점이나 그날 하루를 성찰하며 느꼈던 일 등을 생각나는 대로 써봅니다. 큰방에는 우리 마음의 본래 성품인 행복하고 긍정적인 주인의 마음을, 작은방에는 때때로 찾아오는 번뇌롭고 부정적인 손님의 마음을 써봅니다.

3. 홀수 날에는 '염라 미션', 짝수 날에는 '감사행'과 원빈스님의 '명상록' 선물이 주어집니다. '감사행'은 감사하고 사랑하고 행복한 일을 발견하고 글로 쓰면서 선업의 씨앗을 심는 행위입니다. 내 마음

을 알아가는 짧지만 의미 있는 시간이 될 것입니다.

준비명상

지금부터 명상을 시작하겠습니다. 명상을 하는 이유와 목적을 마음속에 새깁니다. 그리고 오늘의 명상에 집중하겠다고 다짐합니다.

자세는 가부좌나 반가부좌를 하고 앉습니다. 몸을 피라미드 모양으로 만든다고 생각하면 됩니다. 두 손을 양 무릎 위에 살며시 올려놓고 손바닥이 하늘을 향하도록 합니다. 또는 왼쪽 손바닥 위에 오른쪽 손등을 올려놓고 양 엄지손가락의 끝을 맞대어 동그랗게 만든 손을 아랫배 앞쪽에 둡니다.

허리와 가슴은 곧게 쭉 펴고 양쪽 어깨를 이완합니다. 턱은 살짝 안쪽으로 당겨주세요. 머리부터 발끝까지 이완시키고 어딘가 긴장하고 있지는 않은지 살펴봅니다. 만약 의자에 앉는다면, 엉덩이를 최대한 의자 안쪽으로 밀어 넣습니다. 두 눈은 살며시 감습니다.

다음은 심호흡을 세 번 합니다. 아랫배까지 깊이 들이쉬고 내쉽니다. 들숨에 '편안하다', 날숨에 '이완된다'. 숨을 들이쉴 때는 '편안하다'라고 생각하고, 숨을 내쉴 때는 온 몸을 이완합니다. 이렇게 세 번 심호흡을 하며 몸과 마음을 편안하고 이완된 상태로 만듭니다.

마무리명상

명상이 잘 되었는지 점검해 봅니다. 매일 명상선물을 받아 마음을 맑혀가는 스스로를 칭찬해 줍니다. 명상을 마무리하는 심호흡을 세 번 합니다. 심호흡을 하면서 몸과 마음을 이완합니다. 팔, 다리를 가볍게 움직이고, 목과 어깨를 돌려서 풀어주며, 허리를 좌우로 움직여줍니다. 훌륭합니다. 명상을 마친 자신에게 밝은 미소를 선물해줍니다.

오늘 열심히 수행한 공덕이 생겼습니다. 그 공덕을 모든 존재들의 행복을 위해 회향하면서 명상을 마무리합니다.

본명상

하루에 하나씩, 10개의 명상을 10번씩 반복해서 100일간 하게 됩니다. 작심 삼일이 취미였을지라도 100일 기도를 하는 마음으로 우리 함께 해요. 아자아자파이팅!

1. 호흡집중명상

* 준비명상

오늘 명상선물은 호흡집중명상입니다. 호흡집중명상의 집중점은 코 끝으로 느껴지는 들숨과 날숨입니다. 들숨을 따라 코 안의 느낌으로 따라가거나 날숨을 따라 코끝을 벗어나지 않아야 합니다. 코끝 호흡에서 벗어나 다른 곳으로 생각이 이어지면 '나중에'라는 생각과 동시에 다른 생각을 하고 있는 자신을 알아차립니다. 편안한 마음으로 코끝의 들숨 날숨을 알아차리면 됩니다. 집중점을 놓쳐 다른 생각을 하고 있는 자신을 탓하거나 원망하지 말고 다시 코끝으로 돌아오면 됩니다. 코끝 호흡을 알아차리고 계속 코끝의 들숨과 날숨으로 돌아오는 것이 호흡집중명상입니다. 종소리가 들리면 다시 집중점으로 돌아옵니다. 10분간 호흡집중명상을 하겠습니다.

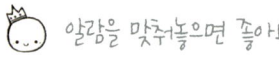 알람을 맞춰놓으면 좋아요.

** 마무리명상

2. 자비명상

* 준비명상

오늘 명상선물은 자비명상입니다. 자비명상의 집중점은 '자비송' 노래, 그 자체입니다. 이 노래에 집중해서 들어보는 거예요. 그럼 지금부터 '자비송'을 들어보도록 하겠습니다.

The Chant of Metta(자비송)*

Ahaṃ avero homi abyāpajjho homi anīgho homi sukhī-attānaṃ pariharāmi
제가 증오에서 벗어나기를, 제가 성냄에서 벗어나기를, 제가 걱정에서 벗어나기를, 제가 행복하게 지내게 하여지이다.

Mama mātāpitu ācariya ca ñāti mitta ca sabrahma-cārino ca averā hontu abyāpajjhā hontu anīghā hontu sukhī-attānam pariharantu
저의 부모님, 스승들과 친척들, 친구들도, 거룩한 삶을 닦는 이, 그분들도 증오를 여의어지이다. 성냄을 여의어지이다. 걱정을 여의어지이다. 그들이 행복하게 지내게 하여지이다.

---

* 1999년에 발매된 Imee Ooi의 노래. 초기불교 경전인 빨리어Pali 자경慈經에서 발췌한 게송으로, 자비관慈悲觀 수행의 과정을 담고 있습니다.

Imasmiṃ ārāme sabbe yogino averā hontu abyāpajjhā hontu anighā hontu sukhī-attānam pariharantu
이 가람에 있는 모든 수행자들이 증오를 여의어지이다. 성냄을 여의어지이다. 격정을 여의어지이다. 그들이 행복하게 지내게 하여지이다.

Imasmiṃ ārāme sabbe bhikkhu sāmaṇera ca upāsaka-upāsikāyo ca averā hontu abyāpajjhā hontu anighā hontu sukhī-attānam pariharantu
이 승가의 모든 스님들도 사미승들도 우바새(남자 재가불자), 우바이(여자 재가불자)도 증오를 여의어지이다. 성냄을 여의어지이다. 격정을 여의어지이다. 그들이 행복하게 지내게 하여지이다.

Amhākaṃ catupaccaya-dāyaka averā hontu abyāpajjhā hontu anighā hontu sukhī-attānam pariharantu
4가지 생필품(옷, 음식, 약, 잠자리)을 보시해준 이, 그들이 증오를 여의어지이다. 성냄을 여의어지이다. 격정을 여의어지이다. 그들이 행복하게 지내게 하여지이다.

Amhākaṃ ārakkhā devatā Imasmiṃ vihāre Imasmiṃ āvāse Imasmiṃ ārāme ārakkha devatā averā hontu abyāpajjhā hontu anighā hontu sukhī-attānam pariharantu
우리를 지켜주는 수호신들 이 집에서 이 처소에서 이 가람에서 지켜주는 여신들 그들이 증오를 여의어지이다. 성냄을 여의어지이다. 격정을 여의어지이다. 그들이 행복하게 지내게 하여지이다.

Sabbe sattā sabbe pāṇā sabbe bhūtā sabbe puggalā sabbe attabhāva-pariyāpannā sabbe itthoiyo sabbe purisā sabbe ariyā sabbe anariyā sabbe devā sabbe mānussā sabbe vinipātikā averā hontu abyāpajjhā hontu anīghā hontu sukhi-attānam pariharantu

모든 중생 모든 숨 쉬는 것 모든 생명체 모든 개별적인 존재 '나'라고 말하는 모든 것 모든 암컷 모든 수컷 모든 성인 모든 범부 모든 신 모든 인간 모든 악처 중생이 증오를 여의어지이다. 성냄을 여의어지이다. 격정을 여의어지이다. 그들이 행복하게 지내게 하여지이다.

Dukkha muccantu Yattha-laddha-sampattito māvigacchantu Kammassaka Puratthimāya disāya pacchimāya disāya uttarāya disāya dakkhiṇāya disāya puratthimāya anudisāya pacchimāya anudisāya uttarāya anudisāya dakkhiṇāya anudisāya heṭṭhimāya disāya uparimāya disāya

고통에서 벗어나지이다. 이미 성취한 것을 잃지 않게 하여지이다. 세상의 모든 중생은 자기 업의 주인입니다. 동쪽이나 서쪽이나 북쪽이나 남쪽이나 간에. 남동쪽이나 북서쪽이나 북동쪽이나 남서쪽이나 간에. 가장 낮은 곳이든 가장 높은 곳이든 간에.

Sabbe sattā sabbe pāṇā sabbe bhūtā sabbe puggalā sabbe attabhāva-pariyāpannā sabbe itthoiyo sabbe purisā sabbe ariyā sabbe anariyā sabbe devā sabbe mānussā sabbe vinipātikā averā hontu abyāpajjhā hontu anighā hontu sukhī-attānam pariharantu

모든 중생 모든 숨 쉬는 것 모든 생명체 모든 개별적인 존재들 '나'라고 말하는 모든 것 모든 암컷 모든 수컷 모든 성인 모든 범부 모든 신 모든 인간 모든 악처 중생이 증오를 여의어지이다. 성냄을 여의어지이다. 걱정을 여의어지이다. 그들이 행복하게 지내게 하여지이다.

Dukkha muccantu Yattha-laddha-sampattito māvigacchantu Kammassaka Uddhaṃ yāva bhavagga ca adho yāva avīccito samanta cakkavāḷesu ye sattā pathavīcara abyāpajjhā nivera ca nidukkha ca nupaddava

고통에서 벗어나지이다. 이미 성취한 것을 잃지 않게 되어지이다. 세상의 모든 중생은 자기 업의 주인입니다. 위로 가장 높은 천상의 중생에서부터 아래로 아비지옥 중생에 이르기까지 철위산의 주변 모두 땅 위에서 걸어 다니는 것은 무엇이든 성냄도 없고 증오도 없고 고苦도 없고 재난도 없게 하여지이다.

Uddhaṃ yāva bhavagga ca adho yāva avīccito samanta cakkavāḷesu ye sattā udakecara abyāpajjhā nivera ca nidukkha ca nupaddava

위로 가장 높은 천상의 중생에서부터 아래로 아비지옥 중생에 이르기까지 철위산 주변 모두 물속에 돌아다니는 것들은 무엇이든 성냄도 없고 증오도 없고 고^苦도 없고 재난도 없게 하여지이다.

Uddhaṃ yāva bhavagga ca adho yāva aviccito samanta cakkavāḷesu ye sattā ākāsecara abyāpajjhā nivera ca nidukkha ca nupaddava
위로 가장 높은 천상의 중생에서부터 아래로 아비지옥 중생에 이르기까지 철위산 주변 모두 허공에 날아다니는 것 모두 성냄도 없고 증오도 없고 고^苦도 없고 재난도 없게 하여지이다.

자비송, 잘 들으셨나요? 자비명상 중에 생각났던 사람, 축복해 주고 싶은 사람, 행복을 기원해 주고 싶은 사람이 있었다면 그 사람을 위해 기도해 주세요. 온 세상을 끌어안을 수 있는 자비심이 무한히 생기길 기원합니다.

** 마무리명상

3. 아랫배집중명상

* 준비명상

오늘 명상선물은 아랫배집중명상입니다. 아랫배집중명상의 집중점은 아랫배입니다. 자연스럽게 호흡하면서 오르내리는 자신의 아랫배를 느껴봅니다. 계속해서 아랫배의 오르락내리락 하는 느낌에 집중합니다. 명상 중 다른 생각에 빠지면 알아차리고 다시 아랫배로 돌아오면 됩니다. 벗어나기 힘든 망상이 계속 올라온다면 '나중에'라고 말하고, 다시 아랫배로 돌아오면 됩니다. 집중을 놓치더라도 자신에게 화내거나 실망하지 말고 아랫배로 돌아오면 됩니다.

10분간 아랫배집중명상을 하겠습니다.

** 마무리명상

4. 자율이완명상

*준비명상

오늘 명상선물은 자율이완명상입니다. 조용하고 편안한 곳에 눕습니다. 낮은 베개와 얇은 담요를 준비하셔도 좋습니다. 이제 두 눈은 살며시 감고 두 손은 바닥에 닿게 하거나 편안히 둡니다.

자율이완명상은 긴장과 불안, 많은 스트레스로 경직된 몸과 마음을 이완시켜 자율신경계의 균형을 맞춰주는 효과가 있습니다. 자율신경계의 균형이 맞을 때 몸과 마음이 건강해집니다. 집중점은 머리부터 발끝까지입니다.

숨을 깊이 들이쉬고 내쉬면서 머리를 이완합니다.
다음은 얼굴입니다. 얼굴을 이완합니다.
눈은 억지로 감고 있지는 않은지 느껴봅니다. 눈을 이완합니다.
코를 느껴봅니다. 자연스런 호흡을 하고 있는지 느껴봅니다.
코를 이완합니다.
입은 너무 다물고 있지는 않은지 느껴봅니다. 입 주위를 이완합니다.
숨을 깊이 들이쉬고 내쉬면서 귀를 이완합니다.
숨을 깊이 들이쉬고 내쉬면서 얼굴 전체를 이완합니다.
숨을 깊이 들이쉬고 내쉬면서 목을 이완합니다.

다음은 어깨입니다.
숨을 깊이 들이쉬고 내쉬면서 어깨를 이완합니다.
어깨를 살짝 움직여서 다시 한번 더 어깨를 이완합니다.

오른쪽 팔로 이동합니다.
숨을 깊이 들이쉬고 내쉬면서 오른쪽 팔을 이완합니다.
오른쪽 손목 이완, 손등 이완, 손바닥 이완.
그리고 오른쪽 첫 번째 손가락 이완, 두 번째 손가락 이완, 세 번째 손가락 이완, 네 번째 손가락 이완, 다섯 번째 손가락을 이완합니다.

이제 반대쪽으로 이동합니다.
숨을 깊이 들이쉬고 내쉬면서 왼쪽 팔을 이완합니다.
왼쪽 손목 이완, 왼쪽 손등 이완, 손바닥 이완.
그리고 왼쪽 첫 번째 손가락 이완, 두 번째 손가락 이완, 세 번째 손가락 이완, 네 번째 손가락 이완, 다섯 번째 손가락을 이완합니다.

숨을 깊이 들이쉬고 내쉬면서 가슴을 이완합니다.
그 아래 명치를 이완합니다. 아랫배, 아랫배를 이완합니다.

바닥에 닿아있는 등을 느껴봅니다. 등 이완.
바닥에 닿아있는 엉덩이를 이완합니다.
다음은 숨을 깊이 들이쉬고 내쉬면서 오른쪽 허벅지를 이완합니다.

오른쪽 무릎 이완, 오른쪽 종아리 이완, 발목 이완, 발등 이완, 발바닥 이완.
오른쪽 발가락을 느껴봅니다. 첫 번째 엄지발가락 이완, 두 번째 발가락 이완, 세 번째 발가락 이완, 네 번째 발가락 이완, 다섯 번째 발가락 이완.

계속해서 숨을 깊이 들이쉬고 내쉬면서 왼쪽 허벅지를 이완합니다. 왼쪽 무릎 이완, 왼쪽 종아리 이완, 발목 이완, 발등 이완, 발바닥 이완, 왼쪽 발가락을 느껴봅니다. 첫 번째 엄지발가락 이완, 두 번째 발가락 이완, 세 번째 발가락 이완, 네 번째 발가락 이완, 다섯 번째 발가락 이완.

숨을 깊이 들이쉬고 내쉬면서 정수리부터 발끝까지 청정수가 흘러내리듯 밝은 빛이 흘러내리듯 천천히 온몸을 이완합니다. 정수리에서 발끝까지 천천히 이완합니다.

** 마무리명상

5. 청소명상

* 준비명상

오늘 명상선물은 청소명상입니다. 청소는 묵은 때를 닦아내는 수행입니다. 모든 존재는 행동, 생각, 말로써 그 고유한 진동을 바깥으로 내뿜습니다. 그렇기 때문에 집, 방, 옷 등에 나의 고유한 진동이 묻어 있게 되죠.

우리는 자신이 생각하는 이상적인 나의 모습과 거리가 먼, 불편한 점이 있는, 숨기고 싶은 점이 있는, 단점이 있는 모습으로 많은 시간을 방에서 보냅니다. 욕심내는 나, 분노하는 나, 어리석은 나, 질투하는 나 등 여러 부정적인 감정이 쌓여있는 내가 방에서 부정적인 말과 생각과 행동을 내뿜으면서 살아가기 때문에 부정의 습기가 묻어 있게 됩니다. 묵은 때라는 눈에 보이는 먼지뿐만 아니라 내가 바꾸어야 할 습관의 에너지가 묻어 있다는 것이죠. 그렇기 때문에 청소를 한다는 것은 눈에 보이는 먼지를 닦아내는 작업이기도 하지만 내 마음의 얼룩, 부정적인 습관, 우울한 절망감, 게으름 등 그 모든 습기의 먼지를 깨끗하게 닦아내는 수행이기도 합니다. 그렇기 때문에 청소는 수행이자 명상인 것이죠.

청소명상 방법은 아주 간단합니다. 책상, 서랍장 등 무엇인가를 정리하고 닦아내는 것입니다. 포인트는 외부의 더러운 것뿐만 아니라 나의 부정적인 습관의 힘, 바로 마음을 닦는 것입니다. '마음을 닦자'는 문장을 마음속으로 되뇌면서 리듬감 있게 닦습니다. 주변에 방해가 되지 않는다면 신나게 소리를 내도 좋아요. 청소명상의 집중점은 '마음을 닦자'는 문장입니다. 그렇게 10분간 청소수행을 하는 청소명상 시간을 가지겠습니다.

열심히 마음을 닦는 청소명상을 잘하셨습니다. 마음이 산란하고 정리가 안 될 때 청소명상을 활용하면 좋습니다. 매일 이렇게 일정한 시간 자신의 삶의 테두리를, 마음의 법당을 열심히 닦아내어 그 마음이 청정하게 맑아지기를 바랍니다.

** 마무리명상

6. 효도명상

* 준비명상

오늘 명상선물은 효도명상입니다. 효도명상의 집중점은 『부모은중경』에 나오는 부모님의 10가지 은혜입니다. 누구나 어머니, 아버지에게 효도하고 싶은 마음이 있지만 실천하기 어렵습니다. 『부모은중경』에서 밝히는 부모님의 10가지 은혜에 집중하며, 어떤 마음으로 부모님에게 효도해야 할지 적어보는 시간을 가지도록 하겠습니다.

『부모은중경』

1. 나를 잉태하시고 지켜주신 은혜
여러 겁을 내려오며 인연이 중하여서 어머니의 태를 빌어 금생에 태어날 때, 날이 가고 달이 차서 오장이 생겨나고 일곱 달에 접어드니 육정이 열렸어라. 한 몸이 무겁기는 산악과 한 가지, 가고 오나 앉으나 서나 바람결도 겁이 나며, 아름다운 옷도 모두 다 뜻 없으니 단장하던 화장대 먼지만 쌓이는구나.

2. 출산의 고통을 감내하신 은혜
아기를 몸에 품고 열 달이 다 차서 해산 달이 다가오니, 하루

하루 오는 아침 중병 든 몸과 같고 걱정은 나날이 깊어져 가니 정신조차 아득해라. 두렵고 떨리는 맘 무엇으로 형용할까. 근심은 눈물 되어 가슴 속에 가득하니 슬픈 생각 끝이 없네. 친척들 만날 때면 이러다가 죽지 않나 이것만 걱정하네.

3. 자식을 낳고 근심을 잊은 은혜
자비하신 어머니가 그대를 낳으신 날, 오장육부 모두를 쪼개고 헤치는 듯 몸과 마음 모두 끊어졌네. 짐승 잡은 자리 같이 피는 흘러 널렸어도 낳은 아기 씩씩하고 건강하다 말 들으면 기쁘고 기쁘지만, 기쁜 마음 가라앉으면 아픈 것이 온몸에 사무치네.

4. 쓴 것을 삼키고 단 것을 뱉는 은혜
깊고 깊은 부모님 크신 은혜, 사랑하고 보살피심 어느 땐들 끊일까? 단 것이란 다 뱉으니 잡수실 게 무엇이며 쓴 것만 삼키어도 밝은 얼굴 잃지 않네. 부모님의 사랑 깊은 정 끝이 없고, 은혜는 더욱 깊고 슬픔 또한 더하셔라. 어느 때나 어린 아기 잘 먹일 것 생각하니 자비하신 어머님은 굶주림도 사양 않네.

5. 진자리 마른자리 가려 누이는 은혜
어머니 당신 몸은 젖은 자리 누우시고, 아기는 받들어서 마른 자리 눕히시며 양쪽의 젖으로 기갈을 채워주고 고운 옷소매로

찬바람 가려주네. 은혜로운 그 마음 어느 사이 잠드실까. 아기의 재롱으로 기쁨을 느끼시며 오로지 어린 아기 편할 것만 생각하고 자비하신 어머니는 단잠도 사양하네.

6. 젖 먹여 길러 주시는 은혜
아버님의 높은 은혜 하늘에, 어머님의 넓은 공덕 땅에다 비할 수 있을까. 아버지 품어주고 어머니 젖 주시니, 아기 비록 손과 발이 불구라도 미워할 줄 모르시고 싫어하지 않으시네. 배 가르고 피를 나눠 친히 낳은 자식이라 종일토록 아끼시고 사랑하심 끝이 없네.

7. 손발이 다 닳도록 씻어 주시는 은혜
그 옛날 어머님의 아름답던 모습, 두 눈썹은 버들잎 같으시고 두 뺨의 붉은 빛은 연꽃보다 고왔어라. 은혜가 깊을수록 그 모습이 여위었고 기저귀 빠느라 손발이 거칠어졌네. 오로지 아들딸만 사랑하고 거두시다 자비하신 어머니는 얼굴 모양 바뀌셨네.

8. 먼 길 떠날 때 걱정하시는 은혜
죽어서 헤어짐도 참기 어렵지만 살아서 헤어짐은 아프고 서러워라. 자식이 집을 나가 먼 길 떠나가니 어머니 모든 마음 타향 밖에 나가 있네. 밤낮으로 그 마음은 자식을 따라가고 흐르는 눈물은 천 줄기 만 줄기네. 원숭이 달을 보고 새끼 생각 울부짖듯 염려하는 생각으로 애간장 다 끊기네.

9. 자식을 위해 나쁜 일까지 서슴지 않은 은혜
부모님의 은혜가 태산같이 소중하니 깊고 깊은 그 은덕 실로 갚기 어려워라. 자식의 괴로움 대신 받길 원하시고 자식이 고생하면 부모 마음 편치 않네. 먼 길 떠난 자식 잘 있는지 춥진 않은지 밤낮으로 걱정하고, 잠시 동안 괴로운 일 당하면 어머님의 그 마음은 오래두고 아프셔라.

10. 끝까지 불쌍히 여기고 사랑해 주시는 은혜
부모님의 크신 은덕 깊고도 중하여라. 크신 사랑 잠시라도 끊일 사이 없으시니 앉으나 일어서나 그 마음 따라가고, 멀든 가깝든 크신 뜻은 함께 있네. 부모님 연로하셔 일백 살이 되셨어도 여든 된 아들딸을 쉼 없이 걱정하네. 이와 같은 크신 사랑 어느 때에 끊이실까. 수명이 다하시면 그때에나 쉬실까.

잘 들으셨죠? 우리는 모두 부모님으로부터 무한한 은혜를 받았고 지금도 받고 있습니다. 부모님에게 어떠한 은혜를 받았는지 곰곰이 생각해보고 3가지를 마음방에 적도록 하겠습니다.

부모님께서 우리에게 주신 은혜가 크죠? 부처님께서는 "만약에 어떤 자식이 한쪽 어깨에는 아버지를 다른 쪽 어깨에는 어머니를 모시고 살아가면서 80년의 세월 동안 음식을 먹여드리고 대소변을 받아들이며 편안하게 해드리더라도 부모님의 은혜를 다 갚을 수는 없다."라고 말씀하셨습니다.

부모님을 생각하면 때로는 원망하는 마음이 생기기도 하겠지만 부모님으로 인해 내가 어떤 아픔을 받았다 하더라도 지금 명상할 수 있도록 이 세상에 태어나게 해주신 것만으로도 은혜를 받아 마땅하시죠.

오늘 용기를 내어 부모님의 은혜 3가지를 직접 전해드리는 건 어떨까요? 지금까지 그 은혜로움을 표현하지 못하며 살아왔습니다. 지금이 아니면 표현할 기회가 다시 없을지도 모릅니다. 기적과도 같은 이 시간에 부모님의 은혜를 갚는 첫걸음으로 감사함을 표현해 보세요. 우리 모두 세상에 있는 모든 부모님께 효도하는 자녀가 되었으면 좋겠습니다.

** 마무리명상

7. 상처치유명상

* 준비명상

오늘 명상선물은 상처치유명상입니다. 상처, 고통이라는 주제를 가지고 통찰해보는 시간을 가지도록 하겠습니다. 고통과 행복은 떨어질 수 없는 관계로 고통이 없는 상태가 행복입니다. 우리가 자주 겪는 고통 4가지는 다음과 같습니다.

첫 번째, 애별리고愛別離苦입니다. 어떤 이유에서든 사랑하는 사람과 헤어져야만 하는 고통입니다.

두 번째, 원증회고怨憎會苦입니다. 원수 같아 만나기 싫은, 같이 숨쉬기도 싫은 사람이 있습니다. 어쩔 수 없이 미운 그 사람과 만나서 무엇인가 함께 해야 하는 고통입니다.

세 번째, 구부득고求不得苦입니다. 구하는 것이 있는데 그것을 얻지 못하는 고통, 가지고 싶은데 가지지 못하는 고통입니다.

네 번째, 오음성고五陰盛苦입니다. 색수상행식色受相行識 이 다섯 가지 요소로 이루어져 있는 존재는 그 자체로 고통입니다.

사랑하는 사람과 헤어져야 했던 기억, 싫은 사람과 만난 기억, 원하는 것을 얻지 못한 기억, 몸과 마음이 아팠던 기억. 이렇게 4가지 고통으로 나누어 어떤 기억을 가지고 있는지 자신의 고통과 직면하는 시간을 가져봅니다. 10분 동안 마음방에 적어 보세요.

고이 묻어둔 고통스러운 순간으로 들어가서 가슴이 먹먹한 분, 눈물이 나는 분들도 계실 것 같아요. 그렇게 직면하는 겁니다. 울어야 할 것은 울어야 되고, 먹먹할 것은 먹먹해야 해요. 억지로 숨기거나 피할 필요가 없다는 것이죠. 그러면 그것과 항상 함께 살아야 하는가? 그렇진 않아요.

지금 적어놓은 4가지 카테고리를 객관화하는 시간을 가져보겠습니다. 내가 쓴 기억에서 키워드를 4개 뽑아 종이에 적어보세요. 책상, 화장실, 문 앞이나 나만의 공간에 잘 보이게 종이를 붙여 놓습니다. 종이를 볼 때마다 생각날 텐데 왜 이렇게 괴로운 과정을 나에게 겪게 하느냐는 생각도 들 거예요. 하지만 한번 해보세요.

계속 직면하면 괴로움이 줄어듭니다. 점점 객관화될 수 있어요. 고통이 점점 커지는 거 같다고요? 그것은 직면하는 게 아니라 피하고 있는 형국일 가능성이 높아요. 울어야 될 건 충분히 울어야 합니다. 먹먹할 것은 충분히 먹먹해야 해요. 우는 가슴에서 먹먹함이 사라져가는 만큼 당신은 그 상처로부터 벗어나기 시작한 겁니다. 상처와 친구할 수 있는, 더 이상 상처가 아닌 추억이 될 수 있는 마음의 치유가 이루어지게 되는 것이죠. 묵혀둔 감정에서 배워야 할 지혜가 드러납니다.

직면하라! 울어라! 그리고 먹먹하라!고 하는 치유법을 알려드렸으니 이제 너무 두려워하지 마세요. 그 고통은 내 마음방에 온 손님이려니 하고 받아들이세요. 이고득락離苦得樂, 즉 고통을 여의면 그 자리가 바로 행복입니다. 고통의 상처를 소중한 추억으로 바꾸는 지혜를 항상 갖추시기를 기원합니다.

** 마무리명상

8. 보왕삼매론寶王三昧論 명상

* 준비명상

오늘 명상선물은 『보왕삼매론』과 함께 합니다. 살다 보면 많은 고통, 즉 역경을 만나게 됩니다. 역경 속에서 마음을 어떻게 쓰느냐, 마음을 어떻게 요리하느냐에 따라 행복의 결과물이 나올지 고통의 결과물이 나올지 결정됩니다. 마음을 잘 요리하고 전환하는 최고의 비법 중의 하나가 바로 명상입니다.

『보왕삼매론』은 역경과 고통을 만났을 때 어떻게 마음을 써야 하는지 이야기해 주고 있습니다. 읽는 것만으로도 훌륭한 명상이 됩니다.

명상의 집중점은 『보왕삼매론』 내용 그 자체입니다. 내용을 읽고 나의 마음이 하는 이야기를 들어보는 시간입니다. 『보왕삼매론』의 보석과 같은 뜻을 마음에 잘 새겨서 인생의 고난이 찾아왔을 때 역경을 걸림돌이 아닌 디딤돌로 만들 수 있기를 기원합니다.

『보왕삼매론』

1. 몸에 병 없기를 바라지 말라.
몸에 병이 없으면 탐욕이 생기기 쉬우니, 병고로써 양약을 삼아야 한다.

2. 세상살이에 곤란함 없기를 바라지 말라.
세상살이에 곤란함이 없으면 교만하고 사치한 마음이 생기기 쉬우니, 근심과 곤란으로써 세상을 살아야 함을 꺼리지 말아야 한다.

3. 공부하는데 마음에 장애 없기를 바라지 말라.
마음에 장애가 없으면 배우는 것이 넘치게 되니, 장애 속에서 해탈을 얻어야 한다.

4. 수행하는데 번뇌 없기를 바라지 말라.
수행하는데 번뇌가 없으면 서원이 굳건해지지 못하니, 모든 번뇌는 수행을 도와주는 벗으로 삼아야 한다.

5. 일을 성취하려고 할 때 쉽게 되기를 바라지 말라.
일이 쉽게 되면 뜻을 경솔한데 두게 되니, 오랜 시간을 들여 일을 성취하려는 마음을 가져야 한다.

6. 친구를 사귈 때 나만 이롭기를 바라지 말라.
내가 이롭고자 하면 의리를 상하게 되니, 순결로써 사귐을 길게 해야 한다.

7. 남이 내 뜻대로 순종해 주기를 바라지 말라.
남이 내 뜻대로 순종해 주면 교만해지니, 내 뜻에 맞지 않는 사람들도 곁에 두고 스승으로 삼아야 한다.

8. 공덕을 베풀되 과보를 바라지 말라.
과보를 바라면 도모하는 뜻을 가지게 되니, 덕을 베푼 후에는 그것을 헌신처럼 버려야 한다.

9. 이익을 분에 넘치게 바라지 말라.
이익이 분에 넘치면 어리석은 마음이 생기니, 적은 이익으로써 부자가 되어야 한다.

10. 억울함을 당해서 밝히려고 하지 말라.
억울함을 밝히면 원망하는 마음을 돕게 되니, 억울함을 당하는 것으로 수행하는 문을 삼아야 한다.

『보왕삼매론』을 읽으면 마음에서 올라오는 생각이 있을 거예요. 그 내용을 마음방에 정리해 봅니다.

마음을 어떻게 단련해야 하는지에 대한 좋은 조언이 담긴 『보왕삼매론』을 자주 명상한다면 역경의 순간, 아픔의 순간이 왔을 때 기억이 날 거예요. 기억나는 그 순간부터 우리의 삶은 바뀌기 시작합니다. 역경을 바라보는 눈, 관점을 바꿔줄 것입니다. 역경에 쓰러져 울고 있는 존재가 아닌, 역경을 딛고 일어나 더 큰 도약을 만들어내는 멋진 어른이 되어주기를 간절히 기원합니다.

** 마무리명상

9. 잘 가요, 안 선생님 명상

* 준비명상

오늘 명상선물은 '잘 가요, 안 선생님 명상'입니다. 종이와 펜을 준비합니다. 우리는 생각대로 안 되는 일에 대해 스스로 '안 된다'라고 이름 붙입니다. 이것은 안 된다, 저것도 안 된다, 이래서 안 된다, 저래서 안 된다. 그동안 어른 노릇을 하며 우리 삶을 조종했기 때문에 안 된다 선생님! 바로 '안 선생님'이죠. 내 삶 속에서 안 된다고 생각하는 목록을 5분간 적어보도록 합니다.

지금부터 두 번째 작업을 알려드리겠습니다. 라이터가 필요합니다. '안 선생님'이 적혀 있는 종이를 화장실化粧室에서 화장火葬시켜 드릴 거예요. 불을 탁 붙여 태워서 보내드리는 거예요. '내 삶에서 이제는 나가 주세요, 안녕히 가세요.'라고 경건한 마음으로 안 선생님을 보냅니다. 내가 무엇을 안 된다고 생각하며 살았는지 한번 읽어보는 것으로 추모사를 끝내겠습니다. 멋지게 화장해서 안 선생님을 보내드리기 바랍니다. 불이 나지 않도록 옆에 물도 떠 놓고 안전하게 화장하세요. 시간은 5분입니다.

오늘 우리는 안 된다 선생님을 보내드렸습니다. 이제 우리 삶에는 안 된다는 것이 없는 거예요. 지금까지 너무 소외받았던 '된다'라고 하는 친구와 사이좋게 지낼 수 있는 계기가 되기를 바랍니다. 무엇이든 '된다'는 그 마음, 무한한 가능성인 본성, 즉 불성과 함께한다면 행복해질 거예요.

장애障礙라는 말이 있습니다. 애礙 자는 장애물의 뜻으로 돌 석石 자 옆에 의심할 의疑 자가 있습니다. 굉장히 의미심장한 단어예요. 이 세상에서 가장 큰 장애는 안 된다, 안 될 거라고 생각하는 의심입니다. 자신의 의심이 돌처럼 굳어져 머리를 굳게 만들고, 가슴을 꽉 틀어막는 겁니다. 그렇게 됐을 때 장애에 부딪쳤다고 말하는 거예요. 오늘 안 선생님을 보내드렸으니, 우리에게는 의심에 의한 장애가 사라진 것입니다. 이제부터는 된다, 된다, 된다! 이렇게 우리 마음먹어요.

** 마무리명상

10. 회향명상

* 준비명상

오늘 명상선물은 회향명상입니다. 명상을 하거나 기도, 수행을 하면 보이지 않는 영역에서 마음의 공덕과 복덕이 생깁니다. 수행으로 생긴 공덕과 복덕을 특정한 방향으로 돌려서 전하는 것을 회향이라고 합니다. 일종의 '주는 것'이죠. 나에게, 사랑하는 누군가에게, 혹은 모르는 존재들에게 내가 쌓아놓은 공덕을 선물하는 거예요.

회향하는 방법에 대해서 구체적으로 알아보고 함께 실천해 보는 시간을 가지도록 하겠습니다. 『입보살행론』 회향품*을 함께 읽으면서 자신의 마음을 살펴봅니다. 중간에 불보살님의 명호가 나오는데, 혹시 종교가 달라 거부감이 든다면 믿고 의지하는 대상을 생각하면서 읽어 봅니다.

---

*   석혜능 편역, 『입보살행론』, 부다가야, 2009.

『입보살행론』 제10장 회향품

1. 제가 보살의 수행법에 대한 이 책을 지어 쌓은 공덕으로, 모든 중생들이 부처님처럼 깨어있는 삶을 살게 하소서.
2. 어디에서나 몸과 마음으로 고통받는 이들이 모두 저의 공덕의 힘으로 한량없는 기쁨과 행복을 얻게 하소서.
3. 그들이 윤회 속에 남아있는 한 그들에게 금생의 행복이 줄지 않고, 궁극에는 모두 부처님의 영원한 행복을 누리게 하소서.
4. 이 세상 어디에서든 지옥의 고통을 겪고 있는 모든 이들이 극락정토의 기쁨을 누리게 하소서.
5. 추위에 떠는 이들은 따뜻함을 얻고, 보살의 공덕과 지혜의 구름들로부터 시원한 단비가 내려 더위에 시달리는 이들은 시원함을 얻게 하소서.
6. 칼산지옥의 숲은 즐거운 놀이동산으로 바뀌고, 깨진 쇠와 가시로 된 나무들은 모두 소원을 이루어주는 여의수로 바뀌게 하소서.
7. 지옥은 즐거운 호수로 바뀌어 크고 향기로운 연꽃으로 장엄되고 백조와 거위, 물새들의 아름다운 노랫소리 울려 퍼지게 하소서.
8. 타오르는 불더미는 보석더미로 바뀌고 벌겋게 뜨거운 대지는 시원한 수정바닥으로 되며, 어마어마한 지옥의 산들은 천

상의 궁전이 되어 많은 부처님들이 머무시게 하소서.

9. 쏟아지는 불타는 석탄, 용암, 칼들이 꽃비로 바뀌게 하시고 무기로 하던 모든 싸움이 이제부턴 꽃을 주고받는 놀이가 되게 하소서.

10. 불같은 염산의 급류 속에 빠져 살이 떨어져나가 흰 뼈가 드러난 이들이 천신과 같은 몸을 받아 평화로운 냇물에서 여신들과 노닐게 하소서.

11. 염라왕의 옥졸과 까마귀, 독수리들도 두려움 속에서 빛나는 금강수 보살의 모습을 뵈면서 모두가 악업에서 벗어나 금강수 보살을 따르게 하소서.

12. 연꽃 비가 향기로운 물과 함께 떨어져서 끊임없이 타오르는 지옥의 불이 꺼지고, 지옥중생들이 갑자기 기쁨으로 힘을 얻어 홍련화를 드신 관세음보살을 보게 하소서.

13. '친구들이여, 두려움을 버리고 빨리 오라!' 하시며 빛나는 머리카락을 묶어 올리신 이 젊고 자비로우신 보살은 모든 중생을 구해 주시고 보호해 주시며 모든 고통을 덜어주시고 기쁨은 증장시켜 주시나니.

14. 이 분의 찬란한 거처는 천 명의 신들의 찬양이 울려 퍼지고, 그의 연화좌 앞엔 수백의 신들이 공경의 표시로 왕관을 내려놓고 머리 위엔 꽃비가 떨어지나니, 자비로 촉촉이 눈이 젖어있는 문수사리 보살을 뵙고 지옥중생들이 기뻐하게 하소서.

15. 그리고 저의 선근 공덕으로 즐거운 구름들이 시원하고 향

기로운 비를 내려, 보현보살을 비롯한 여러 보살들에 의해 모든 중생들의 장애가 씻기고 그들이 모두 최고의 안락을 누리게 하소서.

16. 잡아먹힐까 봐 움츠리며 떨고 있는 모든 축생들이 두려움에서 해방되게 하시고, 굶주린 아귀들은 북구로주에 사는 이들처럼 행복해지게 하소서.

17. 관세음보살의 자비로운 손에서 흘러나오는 감로의 물줄기로 아귀들이 굶주린 배를 채우고 목욕하며 항상 상쾌하고 청량함을 얻게 하소서.

18. 앞 못 보는 이들이 앞을 보고, 소리를 못 듣는 이들이 소리를 듣게 하시며, 출산이 가까운 여인들이 마야대비 왕비처럼 고통 없이 분만하게 하소서.

19. 옷이 없는 이들은 옷을 얻고 굶주린 이들은 배불리 먹고, 목마른 이들은 깨끗하고 감미로운 마실 것을 마시게 하소서.

20. 가난한 이들은 재물을 얻고 슬픔에 젖어있는 이들은 기쁨을 얻으며, 절망에 빠져있는 이들은 희망을 되찾게 하소서.

21. 병들어 신음하는 이들은 속히 모든 질병에서 벗어나고, 중생들을 괴롭히는 모든 질병이 하나도 남김없이 모두 사라지게 하소서.

22. 두려움에 떠는 이들은 두려움에서 벗어나고 갇혀있는 이들은 풀려나 자유를 얻게 하며, 힘없는 이들은 힘을 얻고 모든 이들이 서로서로 아끼며 돕게 하소서.

23. 길 떠나는 이들은 어딜 가나 행복하고, 고생하지 않고 어려움 없이 필요한 것을 얻게 하소서.

24. 배를 타고 여행하는 이들은 목적지에 안전하게 도착하고, 무사히 돌아와 친척 친구들과 재회의 기쁨을 나누게 하소서.

25. 길을 잃고 헤매며 괴로워하는 이들은 함께 여행하던 이들과 다시 만나고, 도둑이나 맹수의 두려움 없이 고생하지 않고 편안하게 여행하게 하소서.

26. 길이 없는 외딴곳에서 보호받지 못해 어쩔 줄 모르는 아이들과 노인들, 정신이 온전치 않은 이들이 선량한 천신들의 보호를 받게 하소서.

27. 여가가 없는 이들은 여가를 얻고, 지혜와 신심과 자비심을 갖추고서 바른 생업에 종사하며 살아있는 동안 항상 억념하며 깨어있게 하소서.

28. 누구나 허공처럼 무한한 재물을 향수함에 부족함이 없고, 마음대로 즐기면서 남들을 해치거나 미워하지 않게 하소서.

29. 기품 없는 이들은 위대한 힘으로 빛나게 하시고, 고생으로 몸이 상한 이들은 아름답고 원만한 몸을 갖게 하소서.

30. 모든 중생들이 어디서나 원하는 성으로 다시 태어나고, 지위가 낮은 이들은 고귀함을 성취하며 그래도 전혀 오만하지 않게 하소서.

31. 제가 쌓은 이 복덕으로 모든 중생들이 하나도 예외 없이 모든 악행을 버리고 항상 선업만 짓게 하소서.

32. 언제나 보리심과 멀어지지 않고 항상 보살의 길을 걸으며, 부처님의 완전한 가호를 받아 마군의 업을 모두 버리게 하소서.

33. 모든 중생들이 빠짐없이 무량한 장수를 누리며 언제나 행복하게 살면서 '죽음'이란 말조차 듣지 않게 하소서.

34. 이 세상 모든 곳이 여의수 정원으로 바뀌어 불보살님들의 감미로운 가르침의 소리가 시방에 가득 울려 퍼지게 하소서.

35. 온 대지가 청정하여 큰 돌이나 절벽 등도 하나 없이 손바닥처럼 평평하고 청금석처럼 매끈하게 하소서.

36. 그리고 수많은 제자들을 위해 수많은 보살들이 출현하시어, 이 세상의 모든 곳을 자신의 온갖 빛으로 아름답게 장엄하게 하소서.

37. 새들로부터 나무에 이르기까지 햇빛으로부터 하늘 끝에 이르기까지 모든 중생들이 하나도 빠짐없이, 끊임없이 부처님 가르침의 소리를 듣게 하소서.

38. 그들이 언제나 부처님과 부처님 후예이신 불자들을 만나 구름같이 많은 공양을 올리면서 세상의 스승이신 부처님께 헌신하게 하소서.

39. 천신이 때 맞춰 비를 내려 언제나 수확이 풍성하게 하시고, 통치자들은 법에 따라 다스리어 세간 모두가 번영을 누리게 하소서.

40. 모든 약은 효험이 있으며 진언을 외우면 네 가지 사업이 성취되게 하시고 사람 잡아먹는 나찰 귀신들은 자비심으로 가

득하게 하소서.

41. 어떤 중생들도 육체적인 고통이나 정신적인 고통을 겪지 않고 두려움과 멸시를 당하지 않으며 아무도 불안이나 슬픔이 없게 하소서.

42. 절에서는 경 읽는 소리와 염불소리가 장엄하게 울려 퍼지고, 승가 대중은 언제나 화합하며 승가의 본뜻을 모두 성취하게 하소서.

43. 수행하길 원하는 비구들은 조용한 곳 적정처를 얻어 산란함을 모두 버리고 마음대로 수행하게 하소서.

44. 비구니들은 필요한 것을 얻어 말다툼이나 해악을 여의게 하시고 이와 같이 모든 출가자는 모든 계율에서 벗어나지 않게 하소서.

45. 계율을 어겼을 때는 바로 참회하여 죄업을 정화하도록 항상 노력하고 그리하여 선취에 다시 태어나서 계행을 지키며 중단 없이 수행을 계속하게 하소서.

46. 현명하고 지혜로운 이들이 언제나 공양을 받을 수 있게 하시며 그의 마음이 청정하여 명성이 시방에 널리 퍼져나가게 하소서.

47. 중생들이 악도의 고통을 겪지 않고 길을 잘못 들어 힘들게 수행하지 않으며, 신들보다 더 좋은 몸을 얻어 빨리 부처님의 경지에 오르게 하소서.

48. 일체중생들이 끊임없이 모든 부처님들께 공양을 올리며

한없는 부처님의 지복으로 항상 행복을 누리게 하소서.

49. 모든 보살님들은 본래의 서원 따라 중생들을 위한 이익을 이루게 하시고 모든 중생들은 보호자이신 부처님께서 인도하시는 것을 다 얻게 하소서.

50. 이와 같이 모든 연각과 성문들도 이제 최고의 안락을 얻게 하소서.

51. 저 역시 문수사리보살의 가피로 환희지를 얻을 때까지 모든 생에서 언제나 바르게 억념하며 출리심을 가지게 하소서.

52. 항상 검소하게 살며 검소하게 먹고 모든 내생 동안 고요한 곳 적정처에 머물면서 제 수행의 목표를 이룰 원만한 조건을 얻게 하소서.

53. 언제든지 뵙고 싶거나 조그만 의문이라도 있을 때는 보호주이신 문수사리보살의 자성이 걸림 없이 드러나게 하소서.

54. 시방의 허공 끝에 이를 때까지 중생의 모든 이익을 이루기 위해 문수사리보살께서 행하신 대로 저도 함께 따라 행하게 하소서.

55. 허공계가 존재하는 한 중생계가 존재하는 한 저도 함께 따라 머물며 중생의 고통을 소멸하게 하소서.

56. 중생의 고통이 무엇이든 모두 제 안에서 익게 하시고, 그들은 보살 승가의 대중과 더불어 모두 안락을 누리게 하소서.

57. 고통의 유일한 치료제이고 모든 안락과 행복의 원천인 부처님의 가르침이 존경받으면서 오래오래 이 세상에 남아있게

하소서.

58. 자비롭게도 제가 좋은 뜻을 펴도록 인도하여 주신 문수사리보살께 예경하나이다. 제가 성장할 수 있도록 항상 이끌어 주시는 선지식들께도 예경하나이다.

회향품을 읽으면서 마음에 걸리는 일이 있었거나 특별히 회향해야겠다고 생각나는 사람, 일, 장소가 있다면 기도해 주세요. 공덕을 아낌없이 나누어 주세요. 명상수행의 공덕이 원만히 회향되었습니다.

** 마무리명상

마음방 활용 안내서

안녕하세요. 명상선물을 받은 여러분!
마음방을 잘 활용할 수 있도록
알려드리겠습니다.

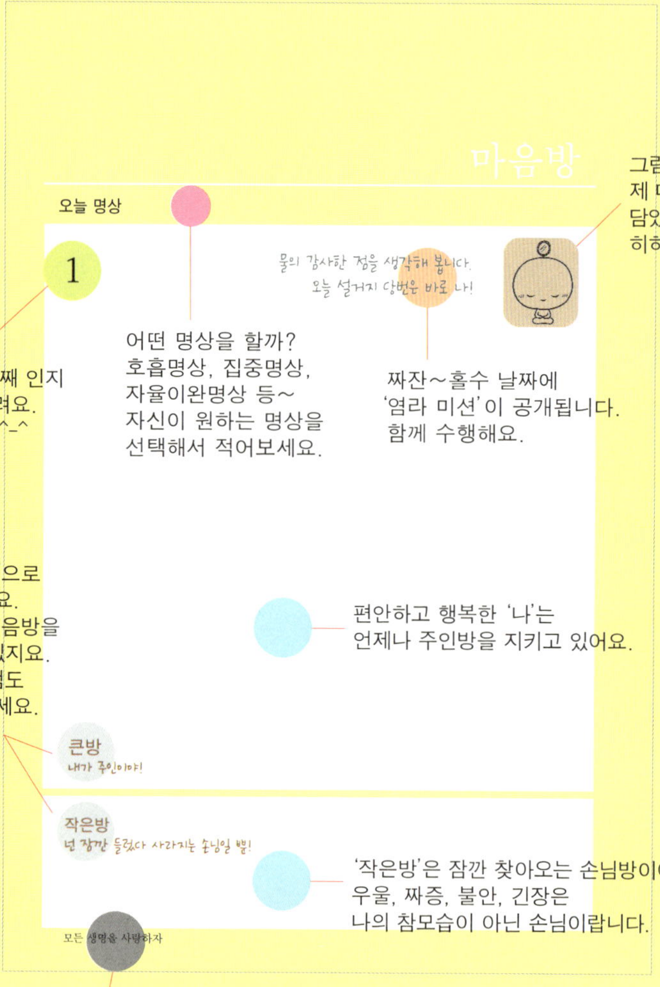

마음방

오늘 명상

1

물의 감사한 점을 생각해 봅니다.
오늘 설거지 당번은 바로 나!

그림 속에
제 마음을
담았어요.
히히~

명상한 지 며칠째 인지
염라가 알려드려요.
친절한 염라씨 ^-^

어떤 명상을 할까?
호흡명상, 집중명상,
자율이완명상 등~
자신이 원하는 명상을
선택해서 적어보세요.

짜잔~ 홀수 날짜에
'염라 미션'이 공개됩니다.
함께 수행해요.

내 마음을
'큰방', '작은방'으로
크게 나누었어요.
원하는 만큼 마음방을
쪼개어 쓸 수 있지요.
명상 후 느낀 점도
마음방에 써보세요.

편안하고 행복한 '나'는
언제나 주인방을 지키고 있어요.

큰방
내가 주인이야!

작은방
넌 잠깐 들렀다 사라지는 손님일 뿐!

'작은방'은 잠깐 찾아오는 손님방이에요.
우울, 짜증, 불안, 긴장은
나의 참모습이 아닌 손님이랍니다.

모든 생명을 사랑하자

시왕이 말하는 10가지 선업(십선업)을
마음에 새겨보세요.

요기조기~빈 공간은 나만의
활용노트가 될 수 있어요.

오늘 명상

2

여기도 마음방이에요.
자유롭게 내 마음을
활용해 보세요.
때로는 크게, 때로는 나누어서 작게.
내 마음의 주인은 나!

'감사행'은
'감사합니다,
사랑합니다,
행복합니다.'의
줄임말이에요.

감 명상할 수 있음에 감사합니다.
사 염라를 사랑해 주는 도반을 만났습니다. 사랑합니다.
행 매일 15분 명상을 만나 행복합니다.

사랑하기에 가장 좋은 시간은 지금입니다.
나중으로 미루는 것은 모두 핑계예요. 그러다 시간 다 지나갑니다.

짜잔~원빈스님의 명상록을 소개합니다.

100일 명상 체크표

	1 JAN	2 FEB	3 MAR	4 APR	5 MAY	6 JUN
1						
2						
3						
4						
5						
6						
7						
8						
9						
10						
11						
12						
13						
14						
15						
16						
17						
18						
19						
20						
21						
22						
23						
24						
25						
26						
27						
28						
29						
30						
31						

7 JUL	8 AUG	9 SEP	10 OCT	11 NOV	12 DEC	
						1
						2
						3
						4
						5
						6
						7
						8
						9
						10
						11
						12
						13
						14
						15
						16
						17
						18
						19
						20
						21
						22
						23
						24
						25
						26
						27
						28
						29
						30
						31

자율 성취 체크표

3일 :

1	2	3
월 / 일	/	/

Memo

3일 :

1	2	3
/	/	/

Memo

7일 :

1	2	3	4	5	6	7
월 / 일	/	/	/	/	/	/

21일 :

1	2	3	4	5	6	7	8	9	10	11	12	13	14
/													

15	16	17	18	19	20	21

Memo

49일 :

1	2	3	4	5	6	7	8	9	10	11	12	13	14
/													

15	16	17	18	19	20	21	22	23	24	25	26	27	28

29	30	31	32	33	34	35	36	37	38	39	40	41	42

43	44	45	46	47	48	49

Memo

이곳은 자신만의 기도 및 목표를 정하고, 체크를 할 수 있는 곳입니다.
1. 기도 기간을 정합니다. 2. 날짜를 씁니다. 3. 기도 및 목표를 성취했는지 O, X로 표시해 봅니다. 4. 메모란은 자유롭게 활용하세요.

2장 _시왕과 함께하는 100일 명상

선물 하나 **진광대왕** *

모든 생명을 사랑하자

정직하고 상냥하고 부드러우며 잘난 체하지 말아야 한다. 만족할 줄 알고 생활이 간소하며 마음이 흐트러지지 않아야 한다. 비난을 살 만한 행동을 하지 말고 세상을 향해 이렇게 외쳐야 한다. '살아있는 모든 것은 다 행복하라, 평안하라, 안락하라.'
『숫타니파타』

---

* 시왕은 사람들이 10가지 악업(십악업)을 지어 고통받지 않도록 10가지 선업(십선업)을 말하고 있습니다.

진광대왕
사후 7일, 첫 번째 재판

사람이 죽으면 죽는 날부터 49일까지는 7일마다, 그 후로는 100일째, 소상小祥이 되는 1년째, 대상大祥이 되는 3년째에 차례로 시왕에게 나아가 생전에 지은 죄를 심판받게 됩니다.

죽은 후 '죽음으로 나아가는 산'이라는 험난한 사출산死出山을 넘어야 합니다. 죽은 지 7일째가 되면 중음신中陰身*들은 진광대왕秦廣大王에게 첫 번째 재판을 받게 됩니다. 진광대왕은 자기 스스로 생명을 죽이거나 남을 시켜 죽이거나 죽는 것을 보고 기뻐하거나 주문을 외워 죽인 살생殺生의 죄를 심문합니다. 선을 행한 자들은 천상으로 보내고 나머지는 도산지옥을 거쳐 다음 재판관에게 가도록 합니다.

---

* 사람이 죽은 뒤 다음의 생을 받을 때까지 49일 동안 지니고 있는 몸으로 영혼, 영가라고도 합니다.

도산지옥 刀山地獄*

망령 亡靈들은 칼날이 서 있는 가파른 산과 바위로 덮여 있는 도산을 고통스럽게 오릅니다. 커다란 쇠몽둥이를 들고 있는 옥졸귀 獄卒鬼들은 겁을 내며 산을 오르지 않는 망령들을 사정없이 내려쳐 산산조각 냅니다. 죽기라도 하면 다행인데 망령들의 몸은 곧 원상태로 되돌아가 같은 고통을 반복해서 받게 됩니다.

옥졸귀들의 행동이 너무 끔찍한가요? 그들은 쇠몽둥이로 때리면서 다시는 이곳에 오지 말라고 기도하지만 애쓴 보람도 없이 망령들은 죄를 짓고 또다시 찾아오죠.

도산을 건너면 삼도천 三途川이라 불리는 큰 강을 건너게 됩니다. 죄업의 가볍고 무거움에 따라 세 종류 중 하나의 강을 건너게 되지요. 저승길에 편히 가라고 상여 등에 꽂아 주는 노잣돈이 있으면 뱃사공에게 주어 편하게 강을 건널 수 있습니다.

---

* 시왕과 지옥의 관계는 육십갑자시왕원불가 六十甲子十王願佛歌 를 참고하였습니다.

마음방

오늘 명상

1

사랑! 머릿속에 떠오르는 사람에게 사랑의 마음을 표현해 보아요.

큰방
내가 주인이야!

작은방
넌 잠깐 들렀다 사라지는 손님일 뿐!

모든 생명을 사랑하자

오늘 명상

2

감
사
행

누구나 자신의 삶을 통해 노래합니다.
사랑, 이별, 기쁨, 슬픔, 성공, 실패 등의 노래.
하나도 버릴 것 없는 나를 성숙하게 해주는 명곡이지요.
소중한 내 삶의 노래에 귀 기울여 주세요.

마음방

오늘 명상

3

밖으로 나가서 나무를 두 손으로 안아주기. 나무의 촉감과 마음을 느껴보세요.

큰방
내가 주인이야!

작은방
넌 잠깐 들렀다 사라지는 손님일 뿐!

모든 생명을 사랑하자

오늘 명상

4

감
사
행

이 세상이 하트 모양으로 변하는 순간이 있습니다.
눈에 하트를 만들어 세상을 바라보면 돼요.
내가 기쁘고, 가슴 벅차고, 환희롭고, 사랑하고 있다면
이 세상이 그렇게 보여요. 내 눈이 바뀌면 세상이 바뀝니다.

마음방

오늘 명상

5

오늘 하루는 채식주의자! 채소의 아삭함, 상큼함을 느껴보세요.

큰방
내가 주인이야!

작은방
넌 잠깐 들렀다 사라지는 손님일 뿐!

모든 생명을 사랑하자

오늘 명상

6

감
사
행

　　　도전하다 보면 실패하는 것이 어쩌면 당연합니다.
실패를 안 한다는 것은 숙련되었다는 것인데, 그럼 도전이 아니라
　　반복이겠죠. 도전은 넘어지는 것이 당연한 과정이잖아요.
넘어짐을 두려워하지 마세요. 아니 두려워도 해보는 거예요. 쭉~

마음방

오늘 명상

7

실수한 사람을 보아도 이해해 주기.
이해하지 못할 일이란 없답니다.

큰방
내가 주인이야!

작은방
넌 잠깐 들렀다 사라지는 손님일 뿐!

모든 생명을 사랑하자

오늘 명상

8

감
사
행

남이 내 뜻대로 되기를 바라면 문제가 생깁니다.
내 마음대로 안 되는 게 당연하잖아요. 내 마음대로 하려고
고집한다면 친구가 될 수 있는 우정의 향기는 사라지고
'별거 아니군.'이라는 교만의 악취만 남게 되지요.

마음방

오늘 명상

왔어요! 마구 쑤셔 넣은 서랍장, 정리할 시간이 왔어요.

큰방
내가 주인이야!

작은방
넌 잠깐 들렀다 사라지는 손님일 뿐!

모든 생명을 사랑하자

오늘 명상

10

감
사
행

서당 개 삼 년이면 풍월을 읊습니다. 아이들은 우리를 닮아가는 데 삼 년도 걸리지 않아요. 내가 지금 하고 있는 행동은 부모님에게 물려받은 유산이고, 자녀에게 물려줄 유산이라는 것을 기억하세요. 멋진 유산을 물려주세요.

행복명상 나를 만나다

나를 만나는 시간입니다. 빈칸을 채우며 내 삶을 되돌아봅니다. 진정한 나를 만나려면 나에 대해서 누구보다 잘 알고 있어야 해요. 써내려간 내용만으로 모두 나를 나타낼 수 없지만, 그래도 한번 적어볼까요? 나라는 섬을 여행하는 지도가 되어줄 거예요.

이름 　　　　　　　　　　　영어 이름

별명

불리고 싶은 별명

나이 　　　　　　　　　　　예상 수명

칭찬해 주고
싶은 성격

고쳐야 할 성격

생각나는 단어

생각나는 문장

좋아하는 음식	
자신 있는 음식	
가족과 친밀도	
좋아하는 친구	
그 친구와의 사건	
싫어하는 친구	
그 친구와의 사건	
최근에 오른 산	
가장 행복했던 날	
지우고 싶은 기억	
가고 싶은 여행지	국내
	국외
롤모델	국내
	국외
멘토	
내 인생에 끼친 영향	
가슴 뛰게 만드는 일	

Story 마음방

'마음은 왜 내 마음대로 되지 않을까?' 마음은 방과 같습니다. 마음을 두 개의 방으로 나누어보세요. 큰방은 주인방, 작은방은 손님방이에요. 마음방의 원래 주인은 '행복한 나'입니다. 가끔 손님으로 짜증, 수치, 죄책감, 질투 등의 번뇌가 찾아옵니다. 이 번뇌들은 손님방인 작은방에 넣어주세요. 손님이 큰방 출입이 잦으면 손님이 주인이고, 주인이 손님이라는 착각을 하게 됩니다. 이렇게 되면 마음을 내 마음대로 쓸 수 없게 되지요.

짜증이 나는 순간 '지금 짜증이 나지만, 행복한 나는 항상 여기 있어.'라고 알아차려 보세요. 수치스러운 느낌이 드는 순간 '수치스러운 느낌은 손님일 뿐이야. 주인인 행복한 나는 아무 영향도 받지 않아.'라고 알아차려 보세요. 마음방을 원상태로 되돌릴 수 있는 것은 바로 '나'입니다.

인因과 연緣이 모일 때마다 내 마음에 놀러 오는 번뇌라는 손님을 두려워하지 말고, 피하지 말고, 싫어하지 말고, 친절하게 작은방에 모시는 건 어떨까요? '이왕 온 거, 편하게 쉬다 가세요.'라고 한마디

하고 주인인 나는 큰방을 지키며 행복한 상태를 유지하면 됩니다.

마음방 주인인 '행복'과 손님인 '번뇌'는 별개인데 지금까지 주인이 너무 손님에게 감정이입을 하며 살아왔던 것 같아요. 번뇌가 주인인 것처럼 말이죠. 너는 너, 나는 나! 마음방에서 손님이 뭐라 하든 무엇을 하든 상관없이 행복하게 지내는 연습을 해봅니다. 소리에 놀라지 않는 사자처럼, 그물에 걸리지 않는 바람처럼, 행복의 뿌리가 깊고 튼튼해질 것입니다.

선물 둘 **초강대왕**
주지 않은 물건을 가지지 말고 베풀자

재물과 색色은 칼날 끝의 달콤한 꿀과 같다. 한 번 빨아먹기엔 부족하고 혀를 베일 수도 있지만, 사람들은 달콤함에 취해 그것을 탐한다.『사십이장경』

초강대왕
사후 14일, 두 번째 재판

삼도천을 건너면 마음의 겉옷을 벗겨서 매단다는 뜻을 가진 나무, 의령수^{衣領樹}가 나옵니다. 탈의파 할머니는 망령이 입고 있는 옷을 벗기고, 현의옹 할아버지는 벗긴 옷을 나뭇가지에 겁니다. 나뭇가지가 휘어지는 정도를 보고 죄의 경중을 가려 초강대왕^{初江大王}에게 보낼 문서를 만들게 되지요. 초강대왕 왼쪽에 있는 대산부군은 모든 죄업의 기록을, 오른쪽에 있는 흑암천녀는 모든 선행의 기록을 갖고 있습니다.

남의 물건을 훔치거나 남을 시켜 훔치게 하거나 방편을 써서 훔친 투도^{偸盜}의 죄를 심문합니다. 주인이 있는 것이나 도둑이 훔친 것이나 바늘 한 개, 풀 한 포기라도 주지 않은 것은 가지지 말아야 합니다. 이들은 모두 남의 가슴을 들끓게 하였으므로 화탕지옥에 가서 죄과를 받게 되지요.

화탕지옥 火湯地獄

옥졸귀들은 뜨거운 쇠장대로 망령들을 꿰어서 끓는 물속에 인정사 정없이 집어넣습니다. 또 달구어진 쇠판에 망령들을 올려놓거나 펄 펄 끓는 기름에 튀기면 오징어처럼 온몸이 오그라듭니다. 이때 끓 는 물에 집어넣어 불리고 다시 튀기기를 악업이 정화될 때까지 반 복합니다. 화탕지옥은 너무 뜨겁고 아파서 도망갈 생각을 할 겨를 도 없습니다.

이승의 재판은 법대로 심판하여 죄를 벌하지만 저승의 재판은 조금이라도 뉘우치면 용서해 주고 새로운 기회를 줍니다. 그런데 망령들은 오래된 악습으로 핑계만 대며 혹독한 지옥의 고통을 겪게 되니 안타까워요. 우리 시왕은 죄를 주려고 있는 것이 아니라 진심으로 참회해서 다시는 악을 짓지 않도록 하려고 존재한다는 걸 기억해 주세요.

마음방

오늘 명상

11

오랜 시간을 함께하는 그 사람에게
달달한 커피 한 잔 선물하세요.

큰방
내가 주인이야!

작은방
넌 잠깐 들렀다 사라지는 손님일 뿐!

주지 않은 물건을 가지지 말고 베풀자

오늘 명상

12

감
사
행

나보다 잘난 사람, 잘된 사람을 만나면 질투가 불같이 일어납니다.
그 사람 때문이 아니에요.
질투는 내가 나에게 만족하지 못하기 때문에 일어납니다.
나 때문이에요.

마음방

오늘 명상

13

여기저기 흩어져 있는 물건들은 제자리에 놓아주세요.
내 마음도 자기 자리 찾기!

큰방
내가 주인이야!

작은방
넌 잠깐 들렀다 사라지는 손님일 뿐!

주지 않은 물건을 가지지 말고 베풀자

오늘 명상

14

감
사
행

분노가 쌓이면 한(恨)이 됩니다. 이 한은 차가움이 속성이라
내 몸과 마음을 얼려버리죠. 얼어버린 가슴을 빨리 녹이지 못하면
칼날처럼 부서져 나와 상대방을 상처 나게 합니다.
이해라는 약으로 병든 가슴을 치유해 주세요.

마음방

오늘 명상

15

먼지 쌓인 책장은 물걸레로 닦아주세요.
내 마음의 번뇌도 쓱쓱~

큰방
내가 주인이야!

작은방
넌 잠깐 들렀다 사라지는 손님일 뿐!

주지 않은 물건을 가지지 말고 베풀자

오늘 명상

16

감
사
행

다른 사람의 장점을 발견하는 만큼
내 마음의 장점이 강점으로 변해갑니다. 타인은 내 마음을 비추는
거울이기에 그에게서 발견한 장점이 바로 내 장점이거든요.
다른 사람의 단점을 발견한다면, 반대겠지요?

마음방

오늘 명상

17

작은 돈이라도 기부해 봅니다.
어디든! 누구에게든!

큰방
내가 주인이야!

작은방
넌 잠깐 들렀다 사라지는 손님일 뿐!

주지 않은 물건을 가지지 말고 베풀자

오늘 명상

18

감
사
행

변화의 날개 끝자락에 서 있는 순간이
삶의 방향을 변화시킬 수 있는 최고의 순간입니다.

마음방

오늘 명상

19

빨간 장미 한 송이를 선물해 보세요.
사랑하는 나에게 하는 것도 좋아요.

큰방
내가 주인이야!

작은방
넌 잠깐 들렀다 사라지는 손님일 뿐!

주지 않은 물건을 가지지 말고 베풀자

오늘 명상

20

감
사
행

　　남들과 다른 꿈을 좇을 때, 주변의 온갖 반대와 내 안의 의심들이 스스로를 묶어버립니다. 묶여서 안주할 것인가 끊고 자유로울 것인가. 가슴이 말하는 뜨거운 것을 좇을 때, 우리는 자유로워질 수 있습니다.

행복명상 명함 만들기

명함 있으세요? 명함은 성명, 주소, 직업 등을 적은 네모난 종이입니다. 처음 만나는 사람에게 자신을 소개하는 목적으로 만들죠.

딱딱한 내용이 아닌 나를 잘 드러낼 수 있는 개성 넘치는 명함을 만들어봅니다. 다른 사람에게 전해주고 싶은 말이나 명언 등을 넣어도 좋아요. 이 세상에 하나밖에 없는 나만의 명함을 만들어보세요.

앞

뒤

Story 감사 사랑 행복

우리의 내면에는 예쁜 사랑의 꽃이 자리 잡고 있습니다. 하지만 두려움의 건조한 땅속에 꽃이 가려져 있지요. 내면의 꽃이 세상에 활짝 피어나기 위해서는 감동이 필요합니다. 감동의 물결이 마음 밑바닥에서 일렁이면 강렬했던 두려움의 땅도 무너지기 시작합니다.

진한 감동을 드러낼 수 있는 훌륭한 말 세 가지가 있습니다. 감사합니다, 사랑합니다, 행복합니다. 바로 '감사행'입니다.

마음에서 시작된 감사, 사랑, 행복의 진동이 내 입을 떠나 상대방의 고막을 통과해 그의 마음에 전달됩니다. 작은 울림은 상대방이 품고 있는 두려움의 땅을 흔들어주고 온 세상으로 퍼져나갑니다. 모두의 내면에 간직한 사랑의 꽃이 필 수 있도록 영향을 미치는 것이죠.

우리는 매일 마음방을 채우며 감사, 사랑, 행복의 씨앗을 심습니다. 감사한 일, 사랑하는 일, 행복한 일은 항상 일어나고 있습니다. 우리가 알아채지 못할 뿐이에요. 감사행이 입에 익숙해지고, 머리에 기억되어 마음에 새겨진다면 우리는 어디를 가든 누구를 만나든 감사함을 아는 사람, 사랑을 나누는 사람, 행복한 사람이 될 수 있습니다.

나와 너 그리고 온 세상 내면의 꽃을 피우는 감사행, 우리 이제 적극적으로 표현해 봐요. 감사합니다. 사랑합니다. 행복합니다.

선물 셋 **송제대왕**

순결을 지켜 청정해지자

스스로 깨끗한 이가 되고, 서로 이해하고 맑고 깨끗한 사람들과 함께 살도록 하라. 그곳에서 사이좋게 지혜롭게 그리고 고통과 번뇌를 없애도록 하라.『숫타니파타』

송제대왕
사후 21일, 세 번째 재판

송제대왕宋帝大王은 삿된 음행邪淫, 곧 순결을 재판합니다. 관청 앞에는 사나운 고양이와 커다란 뱀이 나와 삿된 행위를 한 사람들을 할퀴고 물어 댑니다. 마음이 순결하지 못하여 자신이 음행하거나 남을 시켜 음행하게 하거나 다른 이성을 탐낸 죄 등을 심문합니다.

혼령이나 귀신은 향香으로 음식을 대신하기 때문에 재판관에게 불려 다니는 동안 향을 피우면 허기지지 않고 다닐 수 있어요.

한빙지옥 寒氷地獄

한빙지옥은 남의 사랑을 깨뜨려 가슴에 한이 맺히게 하거나 얼어붙게 한 죄로 얼음 속에 넣어졌다 꺼내지는 고통을 받습니다. 너무 차가워 들어가지 않으려고 발버둥 치는 망령을 옥졸귀들이 철퇴를 들고 강제로 밀어 넣습니다. 얼음 속에서 탈출을 하려 애쓸수록 손발이 달라붙어 꼼짝도 못 하고 비명만 나옵니다. 천장에 매달린 고드름이 떨어지면 얼음처럼 굳어지던 몸이 산산조각 납니다. 지옥에서는 몸이 부서졌다 회복되는 고통을 끊임없이 받게 됩니다.

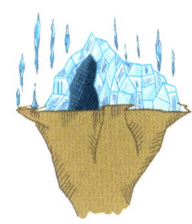

마음방

오늘 명상

21

사랑하는 사람에게 사랑하는 이유 3가지를 말해주세요.
사랑을 표현해 주세요.

큰방
내가 주인이야!

작은방
넌 잠깐 들렀다 사라지는 손님일 뿐!

오늘 명상

22

감
사
행

사랑하기에 가장 좋은 시간은 지금입니다.
나중으로 미루는 것은 모두 핑계예요. 그러다 시간 다 지나갑니다.

마음방

오늘 명상

23

내 짝과 10초 동안 아무 말 없이 눈 바라보기. 말하지 않아도 알아요.

큰방
내가 주인이야!

작은방
넌 잠깐 들렀다 사라지는 손님일 뿐!

오늘 명상

24

감
사
행

우리는 추억을 간직한 사진처럼 세포에 상처를 간직하고 있습니다.
자존감을 높이고 싶다면 새로운 것을 얻으려 하기보다는
상처를 인정하고 직면해서 치유하는 연습이 필요합니다.

마음방

오늘 명상

25

정말 화나는 상황에서 속으로만 말하기. 입으로는 No No No!

큰방
내가 주인이야!

작은방
넌 잠깐 들렀다 사라지는 손님일 뿐!

오늘 명상

26

감
사
행

성을 지키는 보초병이 꾸벅꾸벅 졸고 있으면
적군이 오는 것을 알지 못합니다.
화가 일어날 때 알아차리는 연습이 되지 않으면
분노를 다스릴 수 없습니다.

마음방

오늘 명상

27

상대방이 뭘 원하는지 알아맞혀 보세요.
소원을 말해봐~

큰방
내가 주인이야!

작은방
넌 잠깐 들렀다 사라지는 손님일 뿐!

오늘 명상

28

감
사
행

그 경험, 내가 있든 없든 일어납니다.
인과 연이 모이면 일어나는 것인데 주체인 '내'가 있어야 일어난다고
생각합니다. 내가 그 경험에 필수 조건이라는 생각은 착각입니다. 완전.

마음방

오늘 명상

29

속상하고, 끙끙댔던 일 지금 당장 쿨하게 말하세요.
말하지 않으면 몰라요~

큰방
내가 주인이야!

작은방
넌 잠깐 들렀다 사라지는 손님일 뿐!

오늘 명상

30

감
사
행

하나를 얻으면 다른 하나는 양보할 줄 알아야 합니다.
부모님이 자녀에게 다 이기려고 하면 문제가 생길 수밖에 없지요.
다 가지려는 욕심쟁이 부모님들이 너무 많습니다.
사랑하는 자녀에게 양보 좀 해주세요.

행복명상 당신은 소중한 사람

지금 생각나는 사람의 이름과 소중한 이유를 적어봅니다. 우리는 바쁘다는 이유로 소중한 사람들을 잊고 살아가지요. 가족, 친구, 동료, 이웃 등 생각나는 대로 이름을 불러보세요.

이름

소중한 이유

사람들은 지금 만나고 있는 사람들의 소중함을 잊고 살아요. 익숙해져서 감정이 무뎌지나 봐요. 누군가를 잃고 나면 그와의 만남이 얼마나 소중했는지 깨닫게 되지요. '조금만 잘할걸', '사랑한다 말할걸'이라고 후회하지 말아요, 우리.

이름

소중한 이유

이름

소중한 이유

이름

소중한 이유

Story 마음의 크기

'눈 찢어진 만큼 세상을 볼 수 있다.'고 말씀하신 스승님의 말씀이 떠오릅니다.

우리는 같은 세상을 살아가지만 얼마나 큰 세계를 경험할지, 작은 세계를 경험할지는 사람마다 다릅니다. 안목의 차이겠지요. 바늘 같이 좁은 눈으로 바라본 세상은 나를 옥죄는 감옥처럼 답답하고 좁아 보이지만, 큰 바다와 같은 눈으로 바라본 세상은 자유롭고 드넓게 보입니다.

엄청 심각하고 큰 문제가 있는데 산책을 하거나 한숨 자고 일어나면 별것 아닌 작은 문제로 여겨질 때가 있습니다. 문제의 크기가 변한 것이 아니라 안목이 변한 것입니다. 만약 내 의지대로 안목을 대해처럼 넓힐 수 있다면 어떤 문제 앞에서도 당당할 수 있는 영웅의 기상을 가질 수 있지 않을까요?

얼마나 큰 집에서 사는지, 얼마나 많은 돈을 가졌는지, 얼마나 높은 명예를 가졌는지는 중요하지 않습니다. 우리의 행복에 큰 영향을 미치지 않습니다. 의식이라는 집이 얼마나 커졌느냐에 따라 우리의 자유로움과 행복이 달라지는 것이죠.

마음의 크기를 무한히 넓히는 지혜의 힘, 우리 명상으로 키워볼까요?

선물 넷 오관대왕
진실된 말을 하자

진실한 말은 첫째가는 계율이요, 하늘을 오르는 사다리다. 진실한 말은 작은 것이라도 큰 것과 같지만 거짓말은 지옥으로 들어가게 한다.『경률이상』

오관대왕
사후 28일, 네 번째 재판

업강業江을 건너면 오관대왕五官大王 앞에 서게 되는데 업강의 폭은 500리(약 200km)로 고약한 냄새와 펄펄 끓는 시커먼 물로 되어 있습니다. 강가에는 쇠톱 같은 물고기들이 나타나 망령들을 사정없이 물어뜯고 씹습니다. 망령들이 도망가려고 물가로 나오면 칼을 휘두르고, 송곳이 나온 쇠뭉치로 망령들을 다시 물속으로 집어넣습니다.

관청에는 평생의 죄악을 측정하는 업칭業秤이라는 저울이 허공에 걸려있습니다. 지은 죄는 그림자가 몸을 떠나지 않는 것과 같고, 아주 작은 선업도 기록되지 않는 일이 없답니다. 스스로 거짓말하거나 남을 시켜 거짓말하게 하거나 방편으로라도 거짓말한 죄, 보지 못한 것을 보았다 하고 본 것을 보지 못했다 하면서 몸과 마음으로 거짓말을 한 망어妄語의 죄를 심문합니다. 말로 남의 가슴에 비수를 꽂았으므로 검수지옥에서 악업을 정화하게 됩니다.

검수지옥 劍樹地獄

검수지옥이 처음에는 평범한 숲 같아 보여 안심이 됩니다. 하지만 곧 숲을 지키는 옥졸귀의 칼에 쫓겨 허둥지둥 숲으로 피해 들어갈 수밖에 없습니다. 떨어지는 나뭇잎과 풀은 칼처럼 뾰족하고 날카로워 온몸이 찔리고 베입니다. 쇠로 만들어진 새는 망령들의 눈알을 파먹어 더 많이 다치게 합니다. 아무리 고통스러워도 쉴 틈 없이 도로 회복되지요.

 험담이나 무심코 뱉은 말에 상대방은 느닷없이 찔려서 고통받았겠지요?

마음방

오늘 명상

31

말할 때, 말하고 있다는 것을 알아차려 봅니다.
얼마나 알아차릴 수 있을까요?

큰방
내가 주인이야!

작은방
넌 잠깐 들렀다 사라지는 손님일 뿐!

오늘 명상

32

감
사
행

남의 단점을 꼬집는 사람은 자신에게 똑같은 단점이 있는 거예요.
그걸 눈앞의 사람에게 뒤집어씌우는 것이죠.
내 마음의 얼룩을 상대방에게 묻혔으니 실은 그 사람이 피해자입니다.

마음방

오늘 명상

33

오늘 하루는 무조건 Yes!

큰방
내가 주인이야!

작은방
넌 잠깐 들렀다 사라지는 손님일 뿐!

오늘 명상

34

감
사
행

아파도 괜찮아요. 클 수 있는 기회니까요.

마음방

오늘 명상

35

친구에게 안부 문자 보내기.
요즘 뭘 하고 살고 있니?

큰방
내가 주인이야!

작은방
넌 잠깐 들렀다 사라지는 손님일 뿐!

오늘 명상

36

감
사
행

하루 열 번 이상 나를 만나는 곳, 화장실 거울 앞.
거울을 보며 나를 향해 활짝 웃어주세요.
최대한 예쁘고 멋지게, 연습 또 연습해서
만나는 모든 사람들에게 미소를 선물해 주세요.

마음방

오늘 명상

37

묵언하기.
마음도 따라 묵언한다면 얼마나 좋을까요~

큰방
내가 주인이야!

작은방
넌 잠깐 들렀다 사라지는 손님일 뿐!

오늘 명상

38

감
사
행

매일 걷는 길. 똑같은 자리. 편안하지만 나를 깨어있지 못하게 합니다.
익숙하다는 것은 기계처럼 무의식적으로 움직인다는 말입니다.
새로운 길로 걸어보기, 다른 자리에 앉아보기.
낯선 그것이 나를 깨어나게 하는 원동력이 됩니다. 도전?!

마음방

오늘 명상

39

상대방의 말, 끝까지 들어주기. 싹둑! 말 자르지 마세요.

큰방
내가 주인이야!

작은방
넌 잠깐 들렀다 사라지는 손님일 뿐!

오늘 명상

40

감
사
행

꼭꼭 씹고 꿀꺽 마시는 행동은 뇌를 깨웁니다.
깨어난 뇌는 나를 좀 더 활발하게 만들어 줍니다.
빵 한 조각, 커피 한 잔이라도 아침을 꼭 챙겨 먹으면
달라지는 컨디션을 느낄 수 있습니다. 아침은 꼭 챙겨 드세요.

행복명상 꿈꾸다

꿈, 누구나 꿈을 꾸며 살아갑니다. 쿨쿨 자는 꿈이 아니라 실현하고 싶은 희망이나 이상을 말합니다. 꿈이 없다면 의미도 재미도 없는 무미건조한 삶을 살아가게 되지요. 우리는 꿈이 있기에 아름답고 가슴 벅찬 인생을 살아갈 수 있습니다. 과거, 현재, 미래의 꿈을 적으며, 가슴 뛰는 생생한 꿈을 꿔보세요.

유치원생 때 꿈

초등학생 때 꿈

중·고등학생 때 꿈

20대 꿈

30대 꿈

꿈은 이루어진다! 저의 꿈은 모든 존재들이 지옥에서 벗어나 지옥이 사라지는 거예요. 이 꿈도 이루어질 거예요. 그렇죠?

10년 후 나이 (   ), 꿈

20년 후 나이 (   ), 꿈

(   )년 후 나이 (   ), 꿈

죽음을 맞이할 때, 남기고 싶은 말

죽음을 맞이할 때, 듣고 싶은 말

Story 도전하는 용기

세계 곳곳을 자유롭게 여행하는 사람들이 늘어나고 있습니다. 여행을 준비하다 보면 다양한 정보를 듣습니다. 특히 위험하다고 소문난 나라일수록 이런 이야기를 많이 듣게 됩니다. '치안이 좋지 않으니 가지 않는 게 좋을 거야', '혼자 가면 강도를 만날지도 몰라', '여자 혼자 여행한다는 건 정말 위험해. 안전한 휴양지로 가는 게 어때?' 배낭을 짊어지고 당장 떠나야 하는데 나를 붙잡는 소리들이 들립니다. 사업을 시작할 때, 전공을 선택할 때, 직업을 선택할 때, 결혼을 하려 할 때, 하다못해 취미생활을 시작하려고 해도 방해하는 소리가 자꾸 들립니다.

영화 「매트릭스」를 보면 주인공이 어떠한 깨달음에 도달하려고 할 때 꼭 나타나는 캐릭터가 있습니다. 바로 요원입니다. 주인공을 위협하고 방해합니다. 이런 위협에서 주인공이 벗어날 수 있는 방법은 무엇일까요? 요원보다 강해지려는 노력? 힘? 아닙니다. 자신의 관념을 깨는 것이죠. 못한다는 그 본능을 뛰어넘는 것입니다. 이것을 용기라고 합니다.

내 인생을 방해하는 그 놈, 실은 내 관념에서 나온 것일 뿐입니다. 자신의 관념을 뛰어넘을 수 있는 용기가 있다면 세상이 주는 어떠한 신호도 나에게 방해되지 않습니다.

혹시 무엇인가 도전해 보고 싶나요? 미래에 대한 두려움을 버리고 그냥 해보세요. 지금 당장! 실패해도 괜찮아요. 도전한다는 것 자체가 자유로 향하는 막대한 이익을 줍니다. 관념이라는 그물에 걸려 허우적대는 물고기가 되면 세상만 원망하고 있어야 합니다. 후회하지 말고 관념의 그물코를 점점 느슨하게 만드세요. 아집我執의 몸집보다 그물코가 커지면 당신은 자유로이 바다를 헤엄쳐 다닐 수 있습니다. 그 시작은 내일도 모레도 1년 뒤도 아닌 바로 지금입니다.

당신 인생의 가장 빛나는 날은 오늘입니다. 남은 인생의 가장 젊은 날은 오늘입니다. 남은 인생의 첫날이 바로 오늘입니다. 도전하세요, 그냥.

선물 다섯 염라대왕

칭찬하는 말을 하자

바닥이 얕은 개울물은 소리 내어 흐르지만 깊은 강물은 소리 없이 흐르는 법이다.『숫타니파타』

 # 염라대왕
사후 35일, 다섯 번째 재판

염라대왕閻羅大王은 시왕의 대표 왕입니다. '광명원光明院' 현판이 걸려 있는 건물 아래에 정파리경淨玻璃鏡 또는 업경業鏡이라고 하는 거울이 있습니다. 죽은 이가 거울을 들여다보면 현생은 물론 전생에 지었던 모든 선악업이 선명하게 비칩니다. 죄를 숨기려 해도 눈으로 직접 확인 가능하기 때문에 숨길 수가 없습니다. 비로소 지난날 자신이 알게 모르게 한 일을 분명히 알게 되지요.

남의 허물을 자신의 입으로 말하거나 남을 시켜 말하거나 달콤하고 교묘하게 상대를 현혹시키는 꾸밈말을 하거나 반대로 폄하하고 왜곡하여 유포하거나 과장되게 하는 말 등 기어綺語의 죄를 심문합니다. 혀로 지은 죄이므로 발설지옥에 가게 되지요.

'너만 알고 있어.'라며 속삭이는 나를, 또는 그를 경계하세요. 입은 재앙의 문입니다. 자나 깨나 입조심!

발설지옥 拔舌地獄

발설지옥은 사람의 입모양처럼 생겼습니다. 옥졸귀들이 망령들의 혀를 집게로 길게 뽑아내어 잡아당기면 밀가루 반죽 늘어나듯 넓어집니다. 늘어진 혀의 곳곳에 옥졸들이 말뚝을 박기도 하고, 쟁기를 맨 황소를 끌고 나와 밭을 갈 듯이 이리저리 끌고 다닙니다. 혀 위에 과일 농사를 지을 때 기어의 악업이 강하면 강할수록 지옥열매는 잘 자라난다고 합니다.

 요즘 발설지옥 농사는 어떻냐고요? 보기 드문 대풍년이라고 합니다.

마음방

오늘 명상

41

말하기 전에 심호흡 한 번 하고 말하기.
숨을 깊게 들이쉬고 내쉬고, 음~ 하.

큰방
내가 주인이야!

작은방
넌 잠깐 들렀다 사라지는 손님일 뿐!

칭찬하는 말을 하자

오늘 명상

42

감
사
행

따르르릉! 졸린 나를 깨우는 자명종 소리.
뭉그적거리기보단 벌떡 일어나보는 것이 어떨까요?
'아~ 잘 잤다!' 눈 뜨는 순간, 짜증으로 시작하느냐
활기차게 시작하느냐가 그날 하루에 큰 영향을 미칩니다.

마음방

오늘 명상

43

상대방에게 먼저 다가가 고민을 들어주세요.
오늘은 방청객 모드, 리액션은 필수입니다.

큰방
내가 주인이야!

작은방
넌 잠깐 들렀다 사라지는 손님일 뿐!

오늘 명상

44

감
사
행

엘리베이터도 층수를 눌러야 나를 위로 올려줍니다.
자동문도 한 발짝 다가서야 문을 열어주지요.
최소한 손가락 한 번, 발걸음 한 번은 움직여야 무엇인가 이루어집니다.
사랑, 우정, 성공을 공짜로 얻으려는 생각은 도둑놈 심보입니다.

마음방

오늘 명상

45

착한 사람 콤플렉스가 있는 당신. 말하지 못했던 것은 말하고, 거절하지 못했던 것은 정중히 거절해 보세요.

큰방
내가 주인이야!

작은방
넌 잠깐 들렀다 사라지는 손님일 뿐!

오늘 명상

46

감
사
행

아쉽지 않은 인생이 어디 있을까요.
아쉽다고 자꾸 추억을 좇고 후회 속에 머무르면 현재를 도둑맞아
내일 또 아쉬워하겠지요. 지금이라는 선물을 기쁜 마음으로
받아들이는 연습, 후회 없는 인생의 시작입니다.

마음방

오늘 명상

47 가까운 산에 올라가서 '야호!' 외쳐보세요. 산에 가지 못한다면 놀이터 미끄럼틀 위라도 올라가 볼까요?

큰방
내가 주인이야!

작은방
넌 잠깐 들렀다 사라지는 손님일 뿐!

오늘 명상

48

감
사
행

하하하. 웃음은 짜증과 분노, 불안 등 부정적 감정의 예방접종이자 치유약입니다. 쓰지도 따끔하지도 않은 명약, 그냥 웃어봐요. 하하하.

마음방

오늘 명상

 눈에 보이는 세 사람의 장점을 찾아서 진심으로 칭찬해 주세요.
장점만 보려고 하면 장점만 보여요.

큰방
내가 주인이야!

작은방
넌 잠깐 들렀다 사라지는 손님일 뿐!

오늘 명상

50

감
사
행

누군가 당신을 귀찮게 한다면 당신에게 꽃향기가 나는 거예요.
향기 없는 꽃에 벌이 날아올 리 없잖아요? 그러니 화내지 마세요.
화의 바람이 향기를 걷어내면 당신은 향기 없는
조화가 되어버릴 테니까요.

행복명상 *당신은 고마운 사람*

어느 날 문득 감사하고 고마운 사람, 존재들이 가득하다는 것을 깨달을 때가 있습니다. 매일 밥을 챙겨주시는 어머니, 힘들 때 손을 잡아주며 위로해주던 친구, 이른 아침 길거리를 청소해 주시는 분들까지 수없이 많습니다. 고마운 사람이나 존재를 적고 감사의 마음을 적어보세요. 적은 내용을 직접 표현하면 더욱 좋아요.

씻을 수 있는 물이 있어 감사하고, 밝음을 주는 태양이 있어서 감사해요. 모든 존재의 도움 없이 지금의 나는 존재할 수 없으니 모든 것에 감사한 마음이 들어요.

이름	이름
감사합니다.	

이름	이름
	감사합니다.

이름	이름
감사합니다.	

이름	이름
	감사합니다.

Story 소중한 가족

한 아이가 있습니다. 수학 시험을 봤습니다. 100점을 맞고 싶었지만 아쉽게도 한 문제를 틀려서 95점. 아빠에게 시험지를 가지고 가서 자랑합니다. "아빠, 수학 시험 95점 맞았어요!" 아빠는 무표정입니다. "다음엔 좀 더 열심히 해서 100점 맞아라, 알겠니?" 함께 기뻐하지 못하는 모습입니다.

한 아버지가 있습니다. 가족을 위해서 온갖 수모를 참으며 열심히 일합니다. 말 그대로 숨만 쉬고 일하죠. 사랑하는 딸을 위해서, 사랑하는 부인을 위해서 야근도 하고, 회식도 하고, 주말도 반납하고 일합니다. 그런데 부인과 딸 얼굴을 볼 수가 없습니다. 소풍 한번 가지 못했습니다. 가족을 위해서 일한다지만 누구도 행복하지 않은 따로따로 모습입니다.

한 아내가 있습니다. 동창회에 다녀왔는데 가장 친했던 친구가 유명을 달리했다는 소식을 들었습니다. 마음이 너무 슬퍼요. 위로받고 싶습니다. 집에는 아무도 없습니다. 남편은 오늘도 야근이에요. 딸은 학원에 갔어요. 가족이 있지만 이 세상에 혼자 있는 느낌입니다.

마음을 나누지 못하는 모습입니다.

요즘 많은 사람들이 애정결핍 증상을 보입니다. 왜 그럴까요? 가족은 마음의 고향이고 안식처라지만 가정이 제 역할을 하지 못하고 있습니다. 아주 어렸을 적부터 부모가 되어 가정을 꾸릴 때까지 말이죠.

공부 잘하는 것, 돈 버는 것, 친구 만나는 것 모두 중요합니다. 하지만 내가 든든하게 뿌리를 내리고 있는 그곳, 가족이 더 중요합니다. 함께 기뻐하고, 함께 슬퍼하고, 웃음과 눈물을 함께 나누는 가족. 그들이 정말 소중한 사람들입니다. 기적과 같은 인연으로 함께 하는 가족에게 관심을 가져주세요. 마음을 알아주세요.

선물 여섯 **변성대왕**
이해하고 화합하는 말을 하자

남의 죄를 자주 드러내지 말라. 자신의 몸과 입이 깨끗하지 못하면서 남의 죄를 자꾸 들춘다면 상대방이 '당신이나 잘하라.'고 대꾸할 것이다. 『사분율』

변성대왕
사후 42일 여섯 번째 재판

변성대왕^{變成大王} 앞에 가기 전 '쇠공의 강'을 건너야 합니다. 사방 800리(320km)의 '쇠공의 강'은 집채만 한 쇠공이 흐르면서 망령들을 깔아 죽이기를 반복합니다.

자신을 칭찬하고 남을 비방하거나 타인에게 자신을 칭찬하고 남을 비방하도록 가르친 죄, 둘 사이를 이간하여 화합하지 못하게 한 죄 등 양설^{兩舌}의 죄를 심문합니다. 변성대왕은 공덕의 위신력을 보게 하고 천당과 지옥이 한 찰라, 한 생각에 달려 있음을 알려줍니다.

나쁜 일은 자신에게 돌리고, 좋은 일은 남에게 돌리는 것이 겸손한 자세 아닐까요?

독사지옥 毒蛇地獄

독사지옥에서는 크고 작은 독사들이 우글거리고 수많은 뱀이 망령의 팔, 다리, 목을 둘둘 말아 조이고 물어뜯습니다. 뱀들은 망령의 항문과 성기, 입, 코, 귀 등 구멍이란 구멍은 다 뚫고 파고들면서 고통을 줍니다.

👑 독사와 같은 독기를 이리저리 입으로 전하고 있는 건 아닌지 스스로 살펴보세요. 가슴에 손을 얹고 찔리는 것이 있다면 지금 참회하세요. 독사 만나기 전에요!

마음방

오늘 명상

51

칭찬하는 말, 긍정적인 말을 합니다.
투정 부리는 말과 마음은 잠시 멈춰주세요.

큰방
내가 주인이야!

작은방
넌 잠깐 들렀다 사라지는 손님일 뿐!

오늘 명상

52

감
사
행

내 힘듦에 눈이 멀어 소중한 사람에게 상처를 준다면
그것은 어린아이의 떼씀입니다. 힘듦의 안경을 벗어버릴 때까지
말과 행동을 딱 세 박자만 늦춰보는 건 어떨까요?
이 세 박자가 나와 주변을 살릴 거예요.

마음방

오늘 명상

53

오래된 친구나 애증으로 똘똘 뭉친 가족에게 말해보세요.
"내 곁에 있어 주서 고마워."

큰방
내가 주인이야!

작은방
넌 잠깐 들렀다 사라지는 손님일 뿐!

오늘 명상

54

해보지 못한 일의 목록 vs 가슴 뛰게 시도했던 목록
인생이라고 하는 이 축복을 어떤 목록으로 채워가고 있나요?

마음방

오늘 명상

55

자리에 없는 사람 이야기하지 않기.
이 황금 같은 시간에 남 얘기하기 아까워요.

큰방
내가 주인이야!

작은방
넌 잠깐 들렀다 사라지는 손님일 뿐!

오늘 명상

56

감
사
행

아파하는 친구에게 너무 많은 조언을 하면
잔소리나 비난처럼 들려 오해가 생길 수 있습니다.
조용히 바라봐주는 눈빛과 아픔을 들어주는 귀를 친구에게
선물해 보는 건 어떨까요? 친구가 좀 더 강해질 때까지요.

마음방

오늘 명상

57

쑥스러워 하지 못했던 말 해보기.
미안해, 고마워, 용서해 줘, 용서할게, 사랑해!

큰방
내가 주인이야!

작은방
넌 잠깐 들렀다 사라지는 손님일 뿐!

오늘 명상

58

잘난 척하는 건 두렵기 때문입니다.
척이라도 해야 자신이 인정받을 것 같으니까요.
있는 그대로 인정해 주세요.
잘난 척하는 나를, 잘난 척하는 그를.

마음방

오늘 명상

59

어린아이에게 고민 상담해 보기.
'명쾌한 답을 들을 수 있다.'에 한 표 던집니다.

큰방
내가 주인이야!

작은방
넌 잠깐 들렀다 사라지는 손님일 뿐!

오늘 명상

60

감
사
행

이기고 지는 마음을 초월할 때,
이기는 것에 더 이상 집착할 필요가 없어집니다.
진다고 해서 더 이상 슬퍼할 필요가 없어집니다.
그냥 좋습니다. 재미있습니다. 행복해집니다.

행복명상 나, 이런 사람이야

대한민국은 아시아 대륙 동쪽 끝에 위치하고 있습니다. 나는 지금 어떤 위치에 있나요? 가족 안에서, 학교에서, 회사에서, 동아리 모임 등에서 나는 어떤 호칭으로 불리고 있나요? 내가 가는 곳마다 호칭이 다르고 역할이 달라집니다. 처한 위치마다 호칭에 맞는 역할을 제대로 하고 있는지 살펴봅니다.

| 집 | 호칭 : | 역할 |

| 친척 | | |

| 학교 | | |

| 회사 | | |

회사에서 사장님이 집에서도 사장님 역할만 하려 한다면 화목한 가정을 만들기 어렵겠지요. 자기 역할을 충실히 이행할 때, 자연스러운 인간관계가 형성됩니다.

집	호칭 :	역할
모임		
불리고 싶은		
( )		
( )		
( )		

Story 적절한 타이밍

선택할 수 있는 힘은 인간이 가진 위대한 능력입니다. 그리고 선택의 완성은 타이밍입니다. 운동을 처음 배울 때 폼이 정말 중요합니다. 하지만 아무리 좋은 폼도 변하지 않으면 죽은 폼이 됩니다. 야구 배트를 휘두르던 대로만 휘둘러서는 홈런을 칠 수 없습니다. 공의 변화에 맞추어 내 폼을 변화시킬 수 있어야 합니다. 적절한 타이밍에 걸맞은 변화가 일어나야 하는 것이죠.

세상에도 흐름이 있고 그 흐름에 몸을 맡길 때 적절한 타이밍의 선택이 가능합니다. 간발의 차이로 사업의 성패가 갈리기도, 인생의 행로가 변하기도 합니다. 흐름을 감지하고 그것을 '타는' 능력은 보석과 같은 힘입니다.

노래를 하다 보면 정말 잘 부르는 날이 있습니다. 그런 날의 특징은 노래를 '하는 것'이 아닌 노래를 '타는 것'입니다. 멜로디와 리듬의 흐름에 내 몸을 맡길 때 정말 좋은 노래가 나오지요. 잘 못할 것 같은 걱정과 잘하려는 부담감, 신체적인 긴장과 이리저리 재는 다양한 생각들이 없어질 때 우리는 노래를 탈 수 있고, 나를 최고의 상태로 이끌 수 있습니다.

삶이 내게 주는 기회, 오묘한 타이밍을 잡는 것은 고집에 사로잡혀 있지 않은 순수하고 정직한 상태에서 가능한 일입니다. 적절한 타이밍에 말하고, 행동하고, 투자하고, 공부하고, 선택할 줄 아는 사람이 멋진 사람입니다.

선물 일곱 태산대왕
부드러운 말을 하자

사람이 태어날 때는 입안에 도끼를 가지고 나온다. 태어날 때부터 입안에 도끼가 있으니, 몸을 찍게 되는 것은 나쁜 말 때문이다. 『오분율』

태산대왕
사후 49일, 일곱 번째 재판

태산대왕^{泰山大王}은 염라대왕의 서기로 인간의 선악을 기록하여 죄인이 태어날 곳을 정합니다. 육문^{六門}인 지옥, 아귀, 축생, 수라, 인간, 천상 중 한 곳을 망령이 선택하게 됩니다. 문을 선택할 자유가 주어지지만 결국 각자의 업에 따라 문을 선택하게 되지요. 축생으로 태어날 존재에게는 축생의 문이 가장 화려하게 보인다는 점이 핵심이에요. 남에게 욕하거나 멸시하는 말을 한 죄, 험담이나 비하로 상처를 준 죄 등 악구^{惡口}의 죄를 심문합니다.

유족들은 49일 동안 죽은 자의 선근 공덕을 키워주고, 망령이 삶에 대한 원한과 집착을 버리고 극락세계에 태어날 수 있도록 49재를 지냅니다.

거해지옥 鋸解地獄

거해지옥은 무수히 많고 큰 톱니바퀴로 연결되어 있습니다. 톱니바퀴 속으로 옥졸귀들이 망령을 밀어 넣으면 몸이 눌리고 형체를 알아볼 수 없을 정도로 토막토막 잘려 나갑니다. 뜨거운 쇳물을 부으면 다시 살아나고 날카로운 톱니바퀴 속으로 들어가 짓눌리기를 반복하는 고통을 받습니다.

마음방

오늘 명상

61

미안했던 일은 사과하세요.
지금도 늦지 않아요.

큰방
내가 주인이야!

작은방
넌 잠깐 들렀다 사라지는 손님일 뿐!

오늘 명상
62

감
사
행

누군가 나를 귀찮게 한다면 그저 관심받고 싶은 것일 수 있습니다.
악의를 가지고 괴롭히는 것이라면 대응해야겠지만 그게 아니라면
좀 봐주는 게 어떨까요? 마음이 난다면 말 좀 걸어주세요.
관심받고 싶다는 표현조차 서투른 그를 위해서요.

마음방

오늘 명상

63

부모님께 사랑하고 감사하다고 전화해 보세요.
줄수록 커지는 사랑을 아끼지 마세요~

큰방
내가 주인이야!

작은방
넌 잠깐 들렀다 사라지는 손님일 뿐!

오늘 명상

64

감
사
행

모든 존재는 다릅니다. 달라도 너무 다르죠.
화합하고 평화롭게 살아가기 위해 서로를 공부하고 이해해야 합니다.
나는 당신을, 당신은 나를.

마음방

오늘 명상

65

싸워서 인연 끊고 지내는 친구들을 화해시켜 주세요.
얽힌 건 푸는 게 자연스러워요.

큰방
내가 주인이야!

작은방
넌 잠깐 들렀다 사라지는 손님일 뿐!

오늘 명상

66

감
사
행

삶의 고속도로 위 휴게소에 멈추어 힐링의 커피 향기에 취해 있습니다.
휴게소는 멈추는 곳이기도 하지만 다시 출발하는 시작점이기도 합니다.
지금, 각자의 마음 자동차에 시동을 걸어야 할 때입니다.

마음방

오늘 명상

67

상대방의 말을 공손히 들어주세요.
경청!

큰방
내가 주인이야!

작은방
넌 잠깐 들렀다 사라지는 손님일 뿐!

오늘 명상
68

감
사
행

나를 알아주길 바라는 마음이 있다면 상대방을 먼저 알아주세요.
내 진심과 장점 그리고 가치를 알아봐 주길 원한다면,
당신이 원하는 것을 먼저 주면 돼요. 먼저 줘보세요.

마음방

오늘 명상

69

자존심은 잠시 내려놓고 잘못을 인정하며 말씀하세요.
"잘못했어요."

큰방
내가 주인이야!

작은방
넌 잠깐 들렀다 사라지는 손님일 뿐!

오늘 명상

70

감
사
행

철새들이 돌아와 쉴 수 있는 곳이 있듯, 세상 모든 자녀들이 돌아가 쉴 수 있는 부모님이라는 섬이 있었으면 좋겠습니다. 돌아갈 곳이 필요한 그 순간 섬이 되어주지 못한다면 자녀는 길을 잃습니다. 언제든지 편하게 찾아갈 수 있는 섬이 되어주세요.

행복명상 내가 제일 잘 나가

내가 가장 잘 아는 사람, 바로 '나'의 장점, 잘난 점을 적어봅니다. 그동안 다른 사람에게 말하지 못했던, 숨겨왔던, 숨겨졌던 잘난 점을 마음껏 드러내는 거예요. 100개를 써도 모자라지만 딱 10개만 적어봅니다. 장점의 이유도 구체적으로 쓰면 내가 더 돋보일 거예요.

저요, 저요! 자빡! 제가 먼저 해볼게요. '난 정말 귀엽게 생겼다. 곁에 있으면 깨물어주고 싶은 유혹이 생길 정도다.'

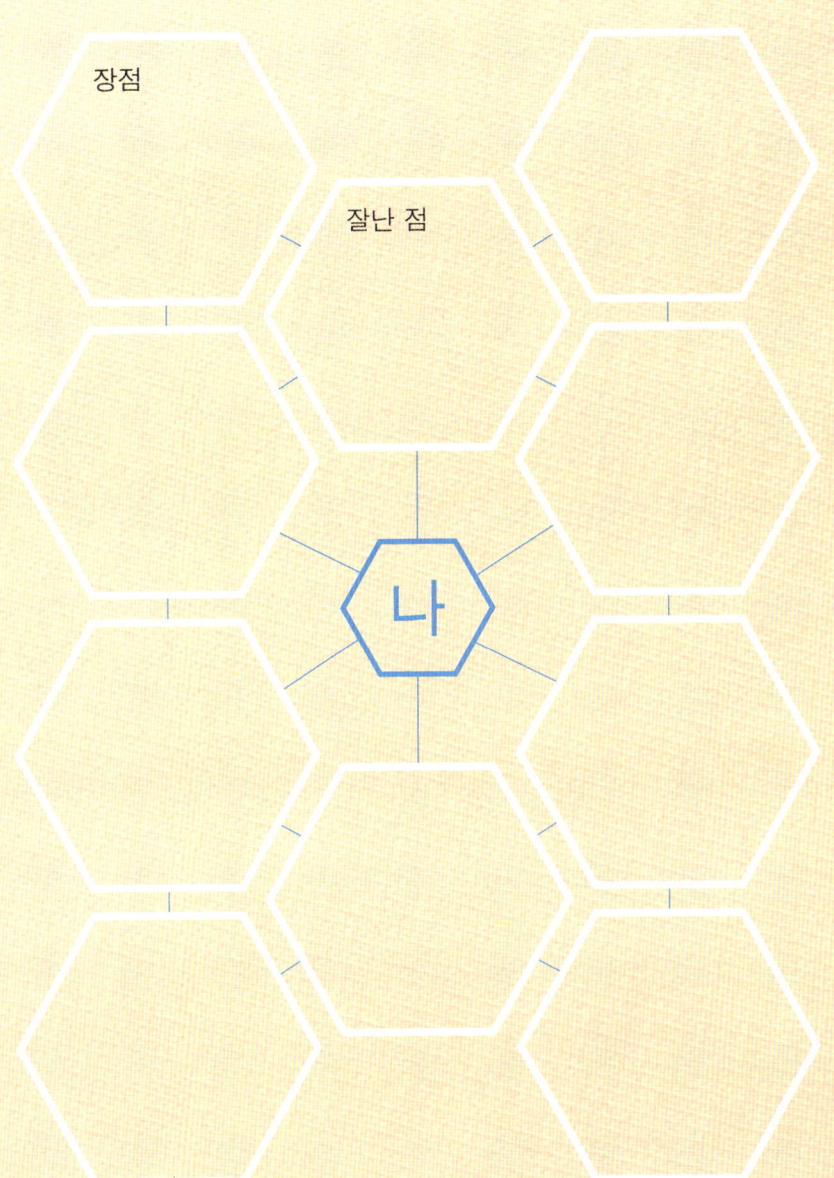

Story 현존의 힘

엄마는 설거지를 하고, 아들은 TV를 보고 있습니다. 아들에게 엄마가 질문합니다. 아이는 건성건성 대답하는 '척' 합니다. 엄마는 그 모습을 보고 화가 납니다. 무시당하는 것 같아요. 아들은 왜 엄마의 말을 듣지 않는 걸까요?

아들의 몸은 여기 있지만 마음은 TV 속 배우와 함께 있습니다. 아들의 몸과 마음은 분리되어 있죠. 엄마의 마음은 말을 하고 있지만, 몸은 설거지를 하고 있습니다. 역시 분리되어 있죠.

자신의 말에 힘을 싣고 싶다면 행동과 말과 마음을 하나로 모아야 합니다. 상대방에게 집중하고, 눈을 바라보며 진심을 이야기해야 하죠. 이처럼 온몸과 온 마음을 다하지 않으면 분리됩니다. 행동 따로, 말 따로, 마음 따로.

자녀나 친구, 동료, 선후배, 고객에게 힘 있고 신뢰감 가는 말을 하고 싶나요? 그렇다면 지금 이곳에 존재해야 합니다. 합일된 힘으로 지금 이곳에 있어야 합니다. 과거나 미래가 아닌 지금 이 자리에서 자신을 진심으로 보여줄 때 힘이 생기고, 신뢰할 수 있게 됩니다.

눈빛이 반짝이는 힘, 집중된 힘, 그 힘을 직구로 상대방에게 던져줄 때 현존의 힘이 전달됩니다. 명상으로 현존의 힘을 키워 온 세상에 행복을 선물할 수 있는 당신이 되길 바랍니다.

선물 여덟 **평등대왕**
만족하며 살자

탐욕은 독초, 치열한 불꽃과도 같다. 마치 불나방이 죽는 줄도 모르고 훨훨 타오르는 불을 향해 달려드는 것과 같다.『제법집요경』

평등대왕
사후 100일, 여덟 번째 재판

육문 중 지옥문을 선택한 망령들이 죽은 지 100일이 되면 재심을 받으러 평등대왕平等大王 앞에 오게 됩니다. 공평하게 죄와 복을 다스린다는 의미를 가진 평등대왕은, 안으로는 자비한 마음을 품고 있지만 밖으로는 성난 모습을 하고 있습니다.

욕심이 지나쳐 인색하거나 남에게 인색하도록 가르친 죄, 법을 구하는 이에게 조그만 법도 일러주지 않고 도리어 나쁜 말로 욕을 한 죄, 만족할 줄 모르고 타인의 것을 빼앗기 위해 수단과 방법을 가리지 않은 죄, 내 이익만을 위해 타인에게 손해를 입힌 죄 등 탐욕貪慾의 죄를 심문합니다.

> 목이 타는 듯 한 갈증이 끝없이 일어나듯 욕심의 허기는 끝이 없어요. 우리는 이미 행복의 조건을 갖추고 있습니다. 만족하는 순간 모든 걸 가졌다는 것을 깨닫게 되지요.

철상지옥 鐵床地獄

망령들은 쇠로 만들어진 무거운 상을 온몸으로 받치고 있습니다. 생전에 지은 죄의 무겁고 가벼움에 따라 상의 크기와 무게가 달라지지요. 철상의 무게를 이기지 못한 망령들은 종이처럼 납작해져 모습을 알아볼 수 없습니다. 탐욕에 눈이 멀어 부정한 방법으로 재물을 모은 자들은 쇠못을 빼곡하게 박은 뜨거운 침상 위에 눕혀져 못이 몸을 관통하는 고통을 받게 됩니다.

마음방

오늘 명상

71

눈이 마주친 사람에게 미소를 지어주세요.
먼저 웃는 거예요. 스마~일!

큰방
내가 주인이야!

작은방
넌 잠깐 들렀다 사라지는 손님일 뿐!

오늘 명상
72

연기의 흐름을 보면 바람을 예측할 수 있습니다.
마음의 흐름을 보면 미묘한 감정의 일어남을 알아차릴 수 있습니다.
화가 나서 사고 치기 전에 분노의 징조를 알아차린다면 후회할 일이
적어지겠지요. 나를 제대로 알기 위해 '내 마음'을 전공해 볼까요?

마음방

오늘 명상

73

물의 감사한 점을 생각해 봅니다.
오늘 설거지 당번은 바로 나!

큰방
내가 주인이야!

작은방
넌 잠깐 들렀다 사라지는 손님일 뿐!

오늘 명상
74

감
사
행

인사^{人事}는 사람의 일입니다.
인사도 제대로 못 하면 사람이 덜되었다는 것이죠.
마음을 열고, 오만을 부수며, 스스로의 두려움을 이기도록 만드는
사람의 일, 인사. 존경받아 마땅한 그대에게 고개 숙여 인사드립니다.

오늘 명상
75

카톡으로 10명에게 사랑한다 말해보세요.
사랑해, 사랑해, 진짜 사랑해.

큰방
내가 주인이야!

작은방
넌 잠깐 들렀다 사라지는 손님일 뿐!

오늘 명상
76

감
사
행

나만 잘되면 된다는 자기중심주의는 아기들의 발상입니다.
성숙한 어른들이 가득한 세상을 꿈꿉니다.

오늘 명상

77

내가 가진 것을 누군가 부러워한다면 그냥 주보세요.
주는 것이 받는 것이라는 걸 알게 되는 그날까지 쭉~

큰방
내가 주인이야!

작은방
넌 잠깐 들렀다 사라지는 손님일 뿐!

오늘 명상
78

감
사
행

'당신의 꿈은 이루어질 거예요!' 이 말을 긍정하든 부정하든 처음에는 차이가 안 납니다. 하지만 그 마음을 지니고 있음이 오래되면 하늘과 땅만큼 차이가 벌어지죠. 아주 미묘한 차이가 미래에는 산만큼 벌어져 버리니 이왕이면 지금 긍정합시다.

마음방

오늘 명상

79

세상의 행복과 평화를 위해 1분 동안 기도합니다.

큰방
내가 주인이야!

작은방
넌 잠깐 들렀다 사라지는 손님일 뿐!

오늘 명상

80

감
사
행

누군가는 감정에 깔려 죽을 것 같아 하고, 누군가는 감정을 북돋아 도약합니다. 다른 감정이어서가 아니라 의식 수준의 다름에서 오는 차이입니다. 마음의 주인이 된다면 감정만큼 강력한 파워도 없습니다. 마음의 노예가 된다면 감정만큼 무서운 칼날도 없습니다.

행복명상 마음거울

내 마음거울을 뚫어지게 바라보면서 슬며시 올라오는 마음을 적어 봅니다. 무엇이든 상관없어요. 좋은 마음, 나쁜 마음 가리지 말고 그냥 적어보세요. 마음이 고요해지면 가슴 속 깊이 숨겨두었던 골 깊은 마음도 올라올 거예요.

제 마음거울은 끝임없이 떠들어대는 마음 덕분에 금방 꽉 찼어요. 무슨 생각이 이리도 많은지. 주절주절~

마음거울

Story 불편한 욕망

"왜 지각했니?"
"어, 학교에 오는데 어떤 아저씨가 동전을 떨어뜨려서…."
"아, 동전 찾아드리느라 늦었구나? 좋은 일을 했지만 다음부터는 늦지 말아야 한다."
"아니요. 그게 아니라….'
"응?"

땡그랑. 앞에 걸어가던 아저씨가 동전을 떨어뜨렸다. 500원이다! 나도 모르게 밟았다. 움직일 수가 없다.
"혹시 동전 못 봤니?"
"네? 전 못 봤어요."
'누가 본 거 아닐까? 들키는 거 아닐까?'
아저씨한테 걸리면 혼나겠지만 수업이 끝나고 사 먹을 컵떡볶이가 나를 유혹한다. 1분이 1시간 같다. 가슴이 벌렁벌렁, 식은땀이 난다. 난 그렇게 3분을 버텼다.

욕망은 사람의 몸과 마음을 경직시킵니다. 정직함을 잡아먹죠. 모든 것을 잊게 만듭니다. 그것이 얼마나 중요한 것인지 상관없이 말이죠. 무엇이든 욕망의 대상이 되는 순간 객관적 가치와 무관하게 버릴 수 없는 소중한 '내 것, 내 사람'이 되어 버립니다. 잡고 있는 끈을 놓을 수 없게 되죠. 그러다가 정말 중요한 것을 놓쳐버립니다.

아프리카 개코원숭이는 먹이가 든 상자 안에 손을 집어넣은 후 손을 빼지 못해 사냥꾼에게 쉽게 잡힌다고 합니다. 손에 잡고 있는 먹이를 도저히 놓을 수 없는 것이죠. 욕심이 자신을 잡아먹습니다.

500원짜리가 주는 불편한 욕망으로 인해 두려움에 벌벌 떨며 동상처럼 서 있는 그리고 진정 중요한 것을 놓쳐버리고 있는 저 꼬마아이, 혹시 탐욕에 절어 있는 우리의 모습 아닐까요? 힘들게 밟고 있는 그 발 이제 떼 주세요. 자유로워질 거예요.

선물 아홉 도시대왕
무한한 자비심을 기르자

전쟁에 나가 수천의 적을 이기더라도 스스로 자기를 이기는 것만 못하다. 자기를 이기는 것이 가장 현명하니 사람 중의 영웅이라 한다. 『법구경』

도시대왕
사후 1년, 아홉 번째 재판

도시대왕(都市大王)에게는 광명상자(光明箱子)가 있습니다. 상자를 열었을 때 죄업이 다했으면 빛이 망령을 감싸고, 죄업이 남아 있으면 사나운 불길이 치솟아 태워버립니다.

스스로 흥분하여 화를 내거나 남을 화나게 한 죄, 화를 내며 욕설을 하거나 주먹이나 매로 때린 죄, 화낸 마음을 풀지 않은 죄, 남 잘되는 모습을 보기 싫어하여 미워하고 질시한 죄 등 진심(瞋心)의 죄를 심문합니다.

죽은 지 1년 만에 재심을 받게 돼요. 도시대왕의 도시(都市)란 city가 아니고, 아름답고 우아하게 다스려 모든 인간을 구한다는 뜻입니다.

풍도지옥 風途地獄

화를 내서 자신의 마음을 태우고 남의 기분을 상하게 한 죄로 풍도지옥에서 살을 에는 바람의 고통을 받게 됩니다. 세찬 모래바람이 불어와 눈을 뜰 수도 숨을 쉴 수도 없고 진흙으로 뒤덮인 길을 끝없이 걸어가며 바람에 찢기는 고통을 받습니다.

불안을 조성하고 질서를 파괴시켜 원수를 만들었기 때문에 칼바람의 고통을 받습니다.

마음방

오늘 명상

81

마음에 안 드는 그 사람, 다른 관점으로 바라보세요.
이해가 안 될 일이란 없답니다.

큰방
내가 주인이야!

작은방
넌 잠깐 들렀다 사라지는 손님일 뿐!

무한한 자비심을 기르자

오늘 명상

82

감
사
행

자신을 믿는 사람은 모든 것을 뛰어넘어 가고자 하는 그 길을 갑니다.
자신을 믿지 못하는 사람은 아주 작은 조약돌에 부딪혀
가고자 했던 그 길을 잃어버립니다.

마음방

오늘 명상

83 나를 화나게 한 사람에게 '괜찮아'라고 말해보세요.
괜찮아, 괜찮아, 괜찮아.

큰방
내가 주인이야!

작은방
넌 잠깐 들렀다 사라지는 손님일 뿐!

무한한 자비심을 기르자

오늘 명상

84

감
사
행

　　심장에 손을 얹고 말합니다. 나는 나의 가능성을 믿습니다.
나는 나의 가능성을 믿습니다. 나는 나의 무한한 가능성을 믿습니다.

마음방

오늘 명상

85

고개 들어 하늘을 바라봅니다.
무슨 모양의 구름인지 이름도 붙여보세요.

큰방
내가 주인이야!

작은방
넌 잠깐 들렀다 사라지는 손님일 뿐!

무한한 자비심을 기르자

오늘 명상

86

감
사
행

그가 잘해주면 행복할 것이라는 생각은 착각이에요.
내가 행복하게 변하지 않으면 아무리 그가 변해도 말짱 도루묵이에요.
그가 아닌 내가 변해야 합니다.

마음방

오늘 명상

87

눈을 감고 10분 동안 가만히 있어 보세요.
아무것도 하지 않아도 돼요.

큰방
내가 주인이야!

작은방
넌 잠깐 들렀다 사라지는 손님일 뿐!

무한한 자비심을 기르자

오늘 명상

88

감
사
행

한자리에서 대화를 나누고 있지만 자기가 하고 싶은 이야기만
각자 하고 있습니다. 대화로 위장한 독백.
우리 진짜 대화를 나눠요. 말하지 않아도 통하는 그 느낌, 잘 알잖아요.

마음방

오늘 명상

89

소중한 것 5개를 적어봅니다. 사람들은 소중한 것을 잃고 나서야 그것이 기적이었음을 깨닫습니다.

큰방
내가 주인이야!

작은방
넌 잠깐 들렀다 사라지는 손님일 뿐!

무한한 자비심을 기르자

오늘 명상

90

감
사
행

무엇인가 시작하기를 두려워하지 마세요.
아직 마음의 준비가 되지 않았다는 핑계로, 나이가 많다는 핑계로
더 이상 미루지 마세요. 의심이 들더라도, 싫은 마음이 있더라도
지금 시작하세요. 인생은 그리 길지 않답니다.

행복명상 용서합니다

내 가슴을 아프게, 슬프게, 답답하게 만든 도저히 용서할 수 없는 사람이 있나요? 용서해 주세요. 그가 아닌 나를 위해서 용서하는 거예요. 용서는 증오의 감옥에 갇혀 있는 나를 자유롭게 만들어줍니다.

용서, 용서, 용서! 용서라는 단어에 집중해 보세요. 생각나는 사람이 있다면 이름과 화가 났던 사건을 적어 봅니다. 용서가 안 되는 사람은 X, 용서가 되는 사람은 O, 애매한 사람은 △ 표시를 합니다. 모두 O가 될 때까지 때때로 살펴보면서 업데이트해 주세요. 우리는 모두 인간관계가 익숙지 않은 사랑받고 싶어 하는 존재일 뿐입니다.

🍊 수십 년 전에 있었던 일을 용서하지 못해 가슴에 병이 드는 건 바로 나입니다. 누구를 위해 용서하지 못하는 건가요? 용서를 하고 안 하고는 그 사람과 아무 상관없어요.

이름	사건	용서 시기	용서
			×
			×
			×
			×
			×
			×

Story 자비심

모든 존재에게 평등한 자비심을 가질 수 있을까요? 그중에는 좋아하는 사람도 있고, 원수도 있고, 전혀 모르는 사람도 있으니 언뜻 불가능해 보입니다.

모든 땅이 날카로운 쇠가시로 뒤덮여 있다고 상상해 보세요. 항상 쇠가시에 찔리니 앉으나 서나 누우나 가만히 있으나 움직이나 항상 아픕니다. 아프지 않으려면 어떻게 해야 될까요? 쇠가시를 하나도 남김없이 다 잘라버리면 될까요? 그게 가능할까요?

아주 쉬운 방법이 있습니다. 발바닥을 보호해 줄 수 있는 쇠철판 하나만 있으면 됩니다. 마찬가지로 증오의 불덩이로부터 나를 보호해 줄 수 있는 것은 자비심입니다. 자비심의 눈으로 세상을 바라보면 다른 사람의 성향이나 일어난 상황과 관계없이 자비심을 가지게 되지요. 내 마음 하나만 잘 길들이면 되는 것입니다. 내 마음이 아닌 바깥을 바꾸거나 해결하려는 노력은 하지 않아도 됩니다.

자비심의 첫걸음으로 웃는 연습을 해보세요. 당장 원수에게 웃어주라는 것이 아니라 자주 거울을 보고 나를 향해 웃어보세요. 점점 웃는 습관이 생기면 누굴 만나든 언제 어디서든 천진한 웃음으로 상대방의 마음을 안심시켜 줄 수 있습니다. 활짝 웃어요! 그와 나, 우리를 위해서요.

선물 열 **오도전륜대왕**
지혜로운 삶은 삽자

지혜로운 사람은 벙어리처럼 침묵을 지키고, 왕처럼 위엄 있게 가르치며, 눈처럼 차고 불꽃처럼 뜨겁다. 수미산처럼 높고 크며 쓰러진 풀처럼 겸손하다.『잡보장경』

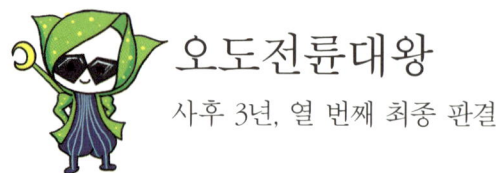

오도전륜대왕
사후 3년, 열 번째 최종 판결

오도전륜대왕五道轉輪大王은 인간의 궁극적인 목표인 영적 진화에 무관심하고 지혜를 구하지 않은 어리석음을 심판합니다. 오도란 천상계를 제외한 지옥, 아귀, 축생, 아수라, 인간계를 말하며, 전륜이란 빙글빙글 돌린다는 의미입니다. 오도 중에서 자신이 갈 곳을 마지막으로 선택하고 지옥행이 확정된 망령은 흑암지옥에서 고통받은 후 팔대지옥八大地獄 또는 팔열지옥八熱地獄에서 끝없는 지옥고를 겪게 됩니다. 지금까지 거쳐 온 10개 지옥은 맛보기인 저승길이었을 뿐입니다.

어리석은 생각으로 인연법을 믿지 않은 죄, 자기 생각만 옳다 하며 다른 의견을 받아들이지 않은 죄, 모르는 것을 아는 척하고 고집을 버리지 않은 죄, 진리를 왜곡시킨 죄 등 치심癡心의 죄를 심문합니다.

흑암지옥 黑暗地獄

컴컴해서 아무 것도 보이지 않고, 아무 소리도 들리지 않아 눈과 귀를 쓰지 못하는 지옥입니다. 빛과 소리를 앗아간 끔찍한 곳에서 말로 표현할 수 없는 고통을 받게 됩니다.

흑암지옥까지 총 3년이 소요되기 때문에 우리 선조들은 3년상을 치렀습니다. 조상들의 지혜는 정말 대단해요. 3년 동안 10개 지옥의 고통을 맛봤으니 선업을 지어 끝없는 지옥고는 면해야 하지 않을까요?

마음방

오늘 명상

91 동네 서점에 가서 책 구경도 하고, 갖고 싶은 책도 사보세요.
얼마나 책이 많은지 몰라요. 놀라지 마세요.

큰방
내가 주인이야!

작은방
넌 잠깐 들렀다 사라지는 손님일 뿐!

지혜로운 삶을 살자

오늘 명상

92

감
사
행

누군가 나를 무시하는 것 같은 마음이 듭니다. 그 사람을 탓하기 전에 자신에게 한번 물어보세요. 혹시 내가 나를 무시하고 있는 건 아닌가? 충분히 자신을 존중하는 자존감이 있다면 다른 이들의 시선에 흔들리지 않습니다. 당신은 값을 매길 수 없을 만큼 소중한 사람입니다.

마음방

오늘 명상

93

옷장을 정리정돈하는 날입니다. 내 마음도 덤으로 정리돼요.
쓸데없는 것은 휴지통으로 슝~

큰방
내가 주인이야!

작은방
넌 잠깐 들렀다 사라지는 손님일 뿐!

지혜로운 삶을 살자

오늘 명상

94

감
사
행

소원이 이루어질 확률은
소원에서 의심을 뺀, 딱 그만큼입니다.

마음방

오늘 명상

95

비 오는 날 우산 없이 걸어봅니다.
비, 한 번쯤 맞아도 괜찮아요.

큰방
내가 주인이야!

작은방
넌 잠깐 들렀다 사라지는 손님일 뿐!

지혜로운 삶을 살자

오늘 명상

96

감
사
행

내가 나를 들들 볶지만 않아도 조금 더 행복할 거예요.
나를 사랑해 주세요.
있는 그대로 인정해 주세요.

마음방

오늘 명상

97

사용하지 않고 쌓아두기만 한 것들 다 갖다 버리기. 비워야 채울 수 있어요.

큰방
내가 주인이야!

작은방
넌 잠깐 들렀다 사라지는 손님일 뿐!

지혜로운 삶을 살자

오늘 명상

98

감
사
행

　　사랑하며 즐겁게 살아갈 시간도 모자랍니다. 찬란하게 빛날 수 있는
오늘 하루를 두려워하며 살아가기에는 너무 아깝잖아요. 좀 모르면 어때요.
좀 아프면 어때요. 좀 상처받으면 어때요. 가만히 마음의 쪽방에 앉아서
　　　　시간을 낭비하는 것이 세월 지나고 보면 가장 아픈 거예요.

마음방

오늘 명상

99

전자기기 접근 금지의 날입니다. 손이 가요, 손이 가. 하루쯤 멀리할 수 있어요!

큰방
내가 주인이야!

작은방
넌 잠깐 들렀다 사라지는 손님일 뿐!

지혜로운 삶을 살자

오늘 명상

100

감
사
행

좋아하는 일에 미치는 것은 삶의 균형을 무너뜨립니다.
삶의 균형이 무너지는 것을 즐길 줄 알 때 삶은 여행이 됩니다.
삶은 도전이 됩니다.

행복명상 아름다운 내 얼굴

거울에 비친 내 얼굴을 바라봅니다. 잘 살펴보세요. 이마, 눈, 코, 입 모두 잘 있나요? 어느새 눈이 처지고 주름이 생긴 건 아닌지, 맑은 눈동자가 탁해진 건 아닌지 자세히 보세요. 지금부터 내 얼굴을 그려봅니다. 나를 향한 파이팅 넘치는 응원 한 줄도 남겨주세요.

나를 향한 응원

내 얼굴 그리기, 유치원 졸업 이후 정말 오랜만에 해보죠? 있는 모습 그대로 그려주세요. 당신은 충분히 아름답습니다.

Story 최고의 유산

200여 년 전 독일의 시골 마을에 아기가 태어났습니다. 아기는 지적 장애인 진단을 받았고 어머니는 절망했습니다. 하지만 아버지 카를 비테는 신념을 가지고 있었습니다. '내 아이를 이렇게 살게 하지 않겠어. 천재로 바꾸겠어!' 그리고는 헌신적인 노력을 합니다.

사람은 태어날 때 이미 전생에 심어놓은 씨앗을 가지고 태어납니다. 그러니 생김새, 성격이 다른 것입니다. 아기는 지적장애인의 씨앗이 꽃 피워진 상태로 태어났습니다. 보통 이런 경우 대부분 그대로 살아가게 됩니다. 하지만 카를 비테는 생후 15일 된 아기에게 위대한 시인들의 시를 읽어주고, 2살이 되었을 때 위대한 작가들의 작품을 읽어주기 시작했습니다.

그 결과 아이가 8살이 되었을 때, 스스로 그리스 로마 고전을 원전으로 읽어내기 시작했습니다. 9살에는 대학에 입학했고, 13살에는 철학 박사 학위를 취득했으며, 16살에 법학 박사 학위를 취득한 동시에 교수로 임명되었습니다.

우리의 마음 밭에는 천재, 바보, 다툼, 평화 등 모든 종류의 씨앗이

심어져 있습니다. 어떤 종류의 씨앗을 꽃 피워낼 것인가의 결정권은 자신에게 달려 있습니다. 태어난 순간 지적장애인의 씨앗이 꽃을 피웠지만 아버지의 헌신적인 노력과 천재들이 남긴 인문 고전의 씨앗으로 인해 천재로 변신한 이 아이처럼 말이죠.

당신은 부모님께 어떤 씨앗을 물려받았나요? 또 자녀에게 어떤 씨앗을 선물하고 있나요? 당신의 모든 말과 행동 그리고 생각까지 가족에게 큰 영향을 미칩니다. 자녀에게 당신이 전해주는 것은 바로 당신 자체입니다. 또한 당신이 부모님께 물려받은 것 역시 부모님 자체입니다. 그렇기에 만약 자녀가 행복해지길 바란다면, 부모님이 자유로워지길 바란다면 그들을 바꾸려고 하지 말고 내가 변하면 됩니다.

최고의 유산은 바로 자신의 행복입니다. 당신이 행복하면 가족이 행복해집니다. 당신이 불행하면 가족도 불행해집니다. 가족의 행불행의 열쇠는 당신에게 있다는 것을 꼭 기억하세요. 세상이 행복해지는 시작점은 바로 당신입니다. 당신의 행복이 가족에게, 친구에게, 사회에, 온 세상에 퍼져 다 함께 행복해지길 기원합니다.

100일 명상 수료식

 100일 명상을 모두 마치신 여러분! 진심으로 축하합니다~짝짝짝!

오늘은 아주 감격스럽고 거룩한 날입니다. 『명상선물』은 여러분들이 시왕의 선업 소개로 윤리적인 삶을 살고, 15분 명상으로 마음을 계발하고, 마음방으로 내 마음을 알아가는 지혜가 드러나도록 안내해 드렸습니다.

명상입문자 단계를 무사히 마치신 여러분들은 내면으로의 여행에 첫발을 디딘 것과 같습니다. 앞으로도 마음을 맑히는 명상수행을 꾸준히 하셔서 세상을 맑히는 진정한 '마음의 전공자, 수행자'가 되기를 바라겠습니다. 함께 해주셔서 감사합니다. 당신을 사랑합니다. 당신 덕분에 행복합니다.

 영라를 믿고 함께 해주신 여러분께 감사합니다.

상 장

성명 :

위 사람은 『명상선물』을 받은 이래로 100일간 근면성실하게 명상을 수행하며 타의 모범이 되었습니다. 앞으로도 몸과 마음을 맑히는 수행에 정진하여 진정한 행복을 찾고, 인류를 이롭게 하는 지혜로운 사람이 될 것을 믿으며 이와 같은 상장을 드립니다.

년 월 일

전국민 행복프로젝트
〈매일 15분 명상〉

The Present of Meditation

3장 _부록

전국민 행복프로젝트 〈매일 15분 명상〉

우리의 만남은 기적입니다. 이 작은 지구에서만 봐도 80억 분의 1의 인연으로 이렇게 만나게 되었으니까요. 전국민 행복프로젝트 〈매일 15분 명상〉 온라인 모임은 준비 기간을 거쳐 2014년 1월부터 문을 열었습니다. 오늘도 남녀노소, 세계 어디서나 시공간을 뛰어넘은 소통이 매일 저녁 10시에 명상이라는 이름으로 이루어지고 있습니다. 이 얼마나 대단한 기적입니까?

물론 우리의 존재 자체가 기적이고 일상의 모든 경험이 기적이지만, 〈매일 15분 명상〉과 함께 하는 도반님들은 더 특별한 기적을 경험하고 있습니다. 매일 저녁 10시 각자 다른 하루를, 다른 공간에서, 다른 경험을 하며 살아가던 우리가 '나'를 명상하기 위해 모이고 '나'를 경험합니다. 기적의 존재들이 기적의 상황을 경험하다가 기적같이 함께 모여 기적을 명상하는 것이죠. 정말 거룩한 일입니다.

세상이 바뀌는 것의 시작은 바로 '나'부터입니다. 가족을, 친구를, 세상을 바꿀 필요가 없습니다. 매일 저녁 10시 '나'를 알아가는 명상의 씨앗을 심은 당신은 이미 세상을 바꾸고 있는 것입니다.

〈매일 15분 명상〉은 특정 종교를 믿는 소수의 사람들의 모임이 아닌 전국민 행복프로젝트입니다. 행복의 길을 더 많은 사람들과 함께 가고 싶은 마음에서 명상 캠페인을 시작하게 되었습니다. 시작은 미약했으나 그 끝은 창대하리라 믿습니다.

명상의 이익을 알더라도 꾸준히 실천하기는 어려운 일입니다. 작심삼일로 끝나버릴 수 있는 명상을 도반들과 함께 한다면 작심삼년 이상이 될 수 있습니다. 함께 하는 도반이 늘어날수록 명상의 시너지 효과는 점점 커지겠지요. 전국민이 같은 시간에 하던 일을 멈추고 명상하는 모습을 상상해 보세요. 그 고요함과 편안함은 상상만으로도 거룩합니다.

나 혼자 명상하는 것도 좋지만 〈매일 15분 명상〉을 사랑하는 가족, 친구들과 함께해요. 비용이 들지 않는 최고의 선물이 될 것입니다.

조금 더 들여다보기

아무리 좋은 씨앗이라도 토질이 훌륭하지 못하면 꽃을 피우기 어렵습니다. 마찬가지로 윤리적인 삶의 기반이 없는 명상은 행복의 꽃이 더디게 피죠. 기적과도 같은 우리의 인생을 좀 더 가치 있게 보내고 싶은 여러분! 길지 않은 인생에서 우리에게 주어진 여가는 짧은데 언제까지 느리고 느린 그 꽃만을 기대하고 있을 건가요?

자신의 탄생 연도에 해당되는 불보살님의 재일에 팔관재계를 지키는 연습을 해나간다면 윤리적인 삶을 통해 건강한 행복감을 느낄 수 있고, 사후 시왕의 면전에서 나는 이러한 삶을 살았다고 조금 더 자신 있게 대답할 수 있지 않을까요?

한국 정신문화를 기반으로 한 명상운동이 나를 통해 우리라는 이름으로 함께 하게 되고 우리가 점점 더 커지게 된다면 상식이 통하는 세상, 윤리가 존중받는 세상, 안심하고 살 수 있는 그런 세상이 될 것이라고 믿습니다.

1. 시왕十王

사찰의 명부전에는 지장보살이 주불主佛로 모셔져 있고 좌우로 사후세계의 심판관인 시왕이 안치되어 있습니다. 죽은 사람의 영혼이 도달하는 세계를 명부, 황천 등으로 부르고 이 명부를 다스리는 왕이 열 명 있다고 하여 시왕, 십대왕이라 부릅니다. 시왕의 명칭과 지옥에서의 심판 광경 등은 중국, 일본에서도 널리 믿어졌습니다. 사람이 죽어도 육체만 없어질 뿐 생전에 행한 선행과 악행에 따라 앞으로 어디에 태어날지 결정된다는 생각에서 사후를 심판하는 시왕 사상이 나오게 되었습니다. 시왕은 고통을 주려고 있는 것이 아니라 지옥의 고통을 면하게 해주려는 자비의 마음으로 존재합니다.

시왕	사후	십악심판	지옥	불보살님	십재일	출생년도
1. 진광대왕	7일	살생	도산	정광불	1일	1990~1995년
2. 초강대왕	14일	투도	화탕	약사불	8일	2008~2013년
3. 송제대왕	21일	사음	한빙	보현보살 (현겁천불)	14일	2002~2007년
4. 오관대왕	28일	망어	검수	아미타불	15일	1984~1989년
5. 염라대왕	35일	기어	발설	지장보살	18일	1960~1965년
6. 변성대왕	42일	양설	독사	대세지보살	23일	1996~2001년
7. 태산대왕	49일	악구	거해	관세음보살	24일	1954~1959년
8. 평등대왕	100일	탐	철상	비로자나불	28일	1966~1971년
9. 도시대왕	1년	진	풍도	약왕보살	29일	1972~1977년
10. 오도전륜대왕	3년	치	흑암	석가모니불	30일	1978~1983년

〈육십갑자시왕원불가六十甲子十王願佛歌〉참고

2. 십재일 十齋日

지옥에는 염라국이 있고 염라국에는 시왕이 있습니다. 시왕은 존경하고 모시는 불보살님이 각자 계시는데 불보살님께 염불(기도)하는 날이 10일이라고 해서 십재일입니다. 재齋는 '삼가다'는 뜻으로 일정한 날에 계율을 지켜 몸과 마음을 청정히 하는 것을 의미합니다.

재일(매월 음력 1일, 8일, 14일, 15일, 18일, 23일, 24일, 28일, 29일, 30일)에는 예배 염불하고 몸, 말, 행동의 3업을 깨끗이 하며 자신의 업장을 소멸하고 공덕을 짓습니다.

매일 이러한 계를 지키면 좋겠지만 자신의 출생년도에 해당하는 불보살님의 재일인 한 달에 한 번만이라도 계를 올바르게 지켜 윤리적인 삶을 살자는 데 목표가 있습니다. 자신이 태어난 해에 어떤 시왕과 불보살님이 계시는지 표에서 확인해 보세요. 마음방에 재일 표시를 잘 해두었다가 그날만큼은 팔관재계를 지키도록 합니다.

3. 팔관재계(八關齋戒)

팔관재계는 '8가지 계' 또는 '공덕을 키워내는 8가지 계'라고도 합니다. '관(關)'이란 8가지 악을 가로막아서 모든 허물이 일어나지 않도록 조심하는 것을 말합니다. 자신이 속한 불보살님의 재일에 8가지 계율을 지키도록 합니다.

1) 생명을 빼앗지 말라.
2) 주지 않은 것을 가지지 말라.
3) 거짓말을 하지 말라.
4) 술을 마시지 말라.
5) 음행을 삼가라.
6) 밤과 때 아닌 때에 먹지 말라.
7) 화환을 두르지 말고 향을 뿌리지 말라.
8) 낮은 침상이나 땅이나 풀로 엮은 자리 위에서 자야 한다.
『앙굿따라니까야』

계를 수지하는 공덕만으로도 시방의 부처님이 수호하시고, 오는 세상에 복과 지혜가 가득하게 된다.『범망경』

한 눈에 보는 염라 미션

100일간 10가지 명상, 시왕과의 만남 어떠셨나요? 저의 선물을 온몸으로, 온 마음으로 잘 받으셨기를 바랍니다.^ㅡ^
마지막은 '친절한 염라'의 마지막 선물이에요. 지금까지 말한 미션 한번에 보기!
날마다 행복한 날 되세요. 우리 또 만나요!

1. 사랑! 머릿속에 떠오르는 사람에게 사랑의 마음을 표현해 보아요.
2. 밖으로 나가서 나무를 두 손으로 안아주기. 나무의 촉감과 마음을 느껴보세요.
3. 오늘 하루는 채식주의자! 채소의 아삭함, 상큼함을 느껴보세요.
4. 실수한 사람을 보아도 이해해 주기. 이해하지 못할 일이란 없답니다.
5. 왔어요! 마구 쑤셔 넣은 서랍장, 정리할 시간이 왔어요.
6. 오랜 시간을 함께하는 그 사람에게 달달한 커피 한 잔 선물하세요.
7. 여기저기 흩어져 있는 물건들은 제자리에 놓아주세요. 내 마음도 자기 자리 찾기!
8. 먼지 쌓인 책장은 물걸레로 닦아주세요. 내 마음의 번뇌도 쓱쓱~
9. 작은 돈이라도 기부해 봅니다. 어디든! 누구에게든!
10. 빨간 장미 한 송이를 선물해 보세요. 사랑하는 나에게 하는 것도 좋아요.

11. 사랑하는 사람에게 사랑하는 이유 3가지를 말해주세요. 사랑을 표현해 주세요.
12. 내 짝과 10초 동안 아무 말 없이 눈 바라보기. 말하지 않아도 알아요.
13. 정말 화나는 상황에서 속으로만 말하기. 입으로는 No No No!
14. 상대방이 뭘 원하는지 알아맞혀 보세요. 소원을 말해봐~
15. 속상하고, 꽁했던 일 지금 당장 쿨하게 말하세요. 말하지 않으면 몰라요.
16. 말할 때, 말하고 있다는 것을 알아차려 봅니다. 얼마나 알아차릴 수 있을까요?
17. 오늘 하루는 무조건 Yes!
18. 친구에게 안부 문자 보내기. 요즘 뭘 하고 살고 있니?
19. 묵언하기. 마음도 따라 묵언한다면 얼마나 좋을까요~
20. 상대방의 말은 끝까지 들어주기. 싹둑! 말 자르지 마세요.

21. 말하기 전에 심호흡 한 번 하고 말하기. 숨을 깊게 들이쉬고 내쉬고, 음~ 하.
22. 상대방에게 먼저 다가가 고민을 들어주세요. 오늘은 방청객 모드, 리액션은 필수입니다.
23. 착한 사람 콤플렉스가 있는 당신. 말하지 못했던 것은 말하고, 거절하지 못했던 것은 정중히 거절해 보세요.
24. 가까운 산에 올라가서 '야호!' 외쳐보세요. 산에 가지 못한다면 놀이터 미끄럼틀 위라도 올라가 볼까요?
25. 눈에 보이는 세 사람의 장점을 찾아서 진심으로 칭찬해 주세요. 장점만 보려고 하면 장점만 보여요.

26. 칭찬하는 말, 긍정적인 말을 합니다. 투정 부리는 말과 마음은 잠시 멈춰주세요.
27. 오래된 친구나 애증으로 똘똘 뭉친 가족에게 말해보세요. "내 곁에 있어 줘서 고마워."
28. 자리에 없는 사람 이야기하지 않기. 이 황금 같은 시간에 남 얘기하기 아까워요.
29. 쑥스러워 하지 못했던 말 해보기. 미안해, 고마워, 용서해 줘, 용서할게, 사랑해!
30. 어린아이에게 고민 상담해 보기. '명쾌한 답을 들을 수 있다'에 한 표 던집니다.

31. 미안했던 일은 사과하세요. 지금도 늦지 않아요.
32. 부모님께 사랑하고 감사하다고 전화해 보세요. 줄수록 커지는 사랑을 아끼지 마세요~
33. 싸워서 인연 끊고 지내는 친구들을 화해시켜 주세요. 얽힌 건 푸는 게 자연스러워요.
34. 상대방의 말을 공손히 들어주세요. 경청!
35. 자존심은 잠시 내려놓고 잘못을 인정하며 말씀하세요. "잘못했어요."
36. 눈이 마주친 사람에게 미소를 지어주세요. 먼저 웃는 거예요. 스마~일!
37. 물의 감사한 점을 생각해 봅니다. 오늘 설거지 당번은 바로 나!
38. 카톡으로 10명에게 사랑한다 말해보세요. 사랑해, 사랑해, 진짜 사랑해.
39. 내가 가진 것을 누군가 부러워한다면 그냥 줘보세요. 주는 것이 받는 것이라는 걸 알게 되는 그날까지 쭉~
40. 세상의 행복과 평화를 위해 1분 동안 기도합니다.

41. 마음에 안 드는 그 사람, 다른 관점으로 바라보세요. 이해가 안 될 일이란 없

답니다.

42. 나를 화나게 한 사람에게 '괜찮아'라고 말해보세요. 괜찮아, 괜찮아, 괜찮아.

43. 고개를 들고 하늘을 바라봅니다. 무슨 모양의 구름인지 이름도 붙여보세요.

44. 눈을 감고 10분 동안 가만히 있어 보세요. 아무것도 하지 않아도 돼요.

45. 소중한 것 5개를 적어봅니다. 사람들은 소중한 것을 잃고 나서야 그것이 기적이었음을 깨닫습니다.

46. 동네 서점에 가서 책 구경도 하고, 갖고 싶은 책도 사보세요. 얼마나 책이 많은지 몰라요. 놀라지 마세요.

47. 옷장을 정리정돈하는 날입니다. 내 마음도 덤으로 정리돼요. 쓸데없는 것은 휴지통으로 슝~

48. 비 오는 날 우산 없이 걸어봅니다. 비, 한 번쯤 맞아도 괜찮아요.

49. 사용하지 않고 쌓아두기만 한 것들 다 갖다 버리기. 비워야 채울 수 있어요.

50. 전자기기 접근 금지의 날입니다. 손이 가요, 손이 가. 하루쯤 멀리할 수 있어요!

감사합니다
사랑합니다
행복합니다